民國歷史與文化研究

十七編

第4冊

「三百六十行」詳考續（民初篇）
——從煙畫《三百六十行》看民初的市廛風情（下）

李德生、王琪 著

花木蘭文化事業有限公司

國家圖書館出版品預行編目資料

「三百六十行」詳考續（民初篇）——從煙畫《三百六十行》看
民初的市塵風情（下）／李德生、王琪 著 -- 初版 -- 新北市：
花木蘭文化事業有限公司，2023〔民112〕
目 10+152 面；19×26 公分
（民國歷史與文化研究 十七編；第 4 冊）
ISBN 978-626-344-385-3（精裝）
1.CST：社會生活 2.CST：文化 3.CST：民國史
628.08 112010404

ISBN-978-626-344-385-3

民國歷史與文化研究
十七編 第 四 冊 ISBN：978-626-344-385-3

「三百六十行」詳考續（民初篇）
——從煙畫《三百六十行》看民初的市塵風情（下）

作 者 李德生、王琪
總 編 輯 杜潔祥
副總編輯 楊嘉樂
編輯主任 許郁翎
編 輯 張雅淋、潘玟靜 美術編輯 陳逸婷
出 版 花木蘭文化事業有限公司
發 行 人 高小娟
聯絡地址 235 新北市中和區中安街七二號十三樓
電話：02-2923-1455／傳真：02-2923-1452
網 址 http://www.huamulan.tw 信箱 service@huamulans.com
印 刷 普羅文化出版廣告事業
初 版 2023 年 9 月
定 價 十七編 6 冊（精裝）新台幣 16,000 元

「三百六十行」詳考續（民初篇）
——從煙畫《三百六十行》看民初的市廛風情（下）

李德生、王琪　著

目

次

賣紙花

　　紙花又名通草花，所用原料有紙、通草和絨絹，做出的紙花大多為婦女頭髻上的裝飾品。在女子未實行剪髮之前，這一行買賣非常興隆。尤其光緒末年，滿族婦女的兩把頭上都戴各種紙花、絹花以為裝飾，頗為盛行。自旗裝消失，女子剪髮，紙花業一落千丈。旗頭大花只有梨園行偶然定制，漢頭小花還能行銷鄉間。

　　紙花這一行大多是採取分工合作的方法製作，花、葉、梗、顫絲等各有專人專工，最後由紙花鋪攢成整花。做紙花的有「撒活自攢」「撒活發售」「自作發售」三種。撒活自攢是紙花鋪的做法，平日除在市集購買外，又向做花活的人家定制某種花瓣若干，某種花葉若干，或由撒活的花鋪備材料，或由做活人自備材料。收活付錢，然後重新加工為成品整花發售。撒活發售，則是由撒活的人向做活人家定制各種花葉，收齊後每日在市集上發售或向紙花鋪發售，從中得些微利。而自作發售，都是家中婦女閒人由一家人分工合作起來。做成花葉，每日向市集或花鋪發售。

　　紙花的製作，需經過鑿、染、攢、製幾道工序。每一道工序都環環相扣，講究技術技巧。江北紙花是十分有名的特產，那些用皺皮紙製出來的各色紙花、拉花、翻花，色彩鮮豔，式樣翻新，十分招人喜愛。江北人把做好的紙花插在草把子上，擎到城鎮去賣。趕上逢年過節，還真發個利市。

露天雜技

　　雜技表演可以溯至漢代，迄今有兩千年的歷史。《漢書・武帝紀》中有「三年春，作角觝戲」的記載：顏師古在注釋中引用了漢文穎的話說：「名此樂為角觝者，兩兩相當角力，角技藝射御故名角觝。蓋樂也。」

　　《魏志》中也有「六年冬，詔太樂、總章、鼓吹增修雜技，造五兵、角觝、麒麟、鳳凰、仙人、長蛇、白象、白虎及諸畏獸、魚龍、辟邪、鹿馬仙車、高百尺長，緣橦、跳丸、五案以備百戲」之說。但是，這些雜技表演除了極少數有機會進入宮廷和深宅大院為皇帝、富紳獻藝演出外，大多數藝人都流於鄉村市井，摺地演出，取樂於一般看客。

　　民國期間，民間的雜技藝人紛紛湧入城市。在廟會廣場上討生活。如圖

所繪，他們或在炎炎烈日之下，或在颯颯寒風之中，做著金雞獨立、拿大頂、撐鞍馬、下腰、咬花等一系列高難度的技巧動作，藉以養家糊口。民初的天橋、三不管地帶，這樣的露天雜耍特別多。他們還會耍球，耍木棒，又可以用雙鐃短刀、水火流星、瓷碗瓷瓶，隨手舞動，從不落地。更有扇蝴蝶、扇花籃，均是絕技。李聲振的《百戲竹枝詞》，有詩讚道：

> 屈曲誰教學楚猱，身材得似軟苗條；
>
> 座中且看如弓樣，漫道生平不折腰。

小丑

「無丑不成戲」，「丑是戲中膽」。中國戲劇的生成，始於優孟，出自滑稽。高臺教化，重在諷喻。但是，丑在戲劇中又多飾演下層「小人物」「小角色」，插科打諢、調笑詼諧。因為有失莊重，故又多不為人重視。但是，任何一齣戲中，如果沒有丑角的出現，一定會失去應有的色彩和演出效果。「生、旦、淨、末、丑，獅子、老虎、狗」，丑角是絕對不可或缺的。當然，這說的是戲劇中的丑。近代雜技魔術表演中的丑，其作用是與之不同的。

中國的教育從來沒有人向孩子們解釋小丑所代表的意義，也沒人去關注小丑的生活。而且小丑這個形象往往代表著底層的人物，人們提起小丑，往往帶有鄙視和不屑。但是，對於孩子們來說，他們對小丑卻有一種天然的鍾情。他們喜歡看馬戲和魔術，他們滿心喜悅地坐在劇場或是帳篷裏，當看到漂亮的小馬跳舞時，他們欣喜若狂。當看到雄獅怒吼時，他們毛骨悚然。當穿著白色

緊身衣的女郎在半空中蕩秋韆時，他們驚恐大叫，唯恐她們掉了下來。當看到魔術師變出各式各樣的戲法時，他們就大驚小怪地手舞足蹈。除此之外，他們最最愛看的就是滑稽逗人的小丑。

「啊！小丑出場啦！」當他一從舞臺的角落裏露頭來，孩子們就扯開他們的嗓門尖叫起來。從那一刻開始，全場沸騰得像開了鍋一樣。小丑的每一個動作，都招致孩子們瘋狂的大笑。丑角在馬戲團、雜技團、魔術團串場，插科打諢，是任何角色和節目都無法替代的。

馬戲

馬戲在我國也有著悠久的歷史。西漢桓寬的《鹽鐵論》中，就有「馬戲鬥虎」的記載。這時期的馬戲中有一種技藝叫做「騗」。就是在馬奔跑的時候，藝人在馬的一側做出各種驚險的動作。《漢書》稱之為「戲馬之術」。裴松在注釋時談到，魏甄皇后「年八歲，外有立騎馬戲者，家人諸姊皆上閣觀之。」

唐代的馬戲表演已經達到很高水平。其中「透劍門伎」尤為精彩。「透劍門伎」就是馬越刀山。地上倒插刀劍，間隔分成幾級，有如房椽，寒光閃閃，使人望而卻步。表演者駕乘小馬奔騰跳躍，飄忽而過，人馬無傷。

清代的馬戲又有許多新的創造，咸豐皇帝每到正月十五日，都要觀看馬戲表演。表演者大顯身手。《清宮雜記》有一節描述馬戲。「有一足立鞍鐙而馳者，有扳馬鞍前行而並馬馳者，有兩人對面馳來各在馬上互換者，有甲騰出乙，乙於馬上戴甲於首而馳者，曲盡馬上之奇。」

北方的馬戲以吳橋為最。據《吳橋縣志》記載，明代閣老范景文曾在《遊南園記》中，記敘了當時在吳橋祭臺觀看馬戲的盛況：「至則數健兒在焉，見所乘馬，翹騰不勝，氣作命取，馳驟道上。於是，人馬相得，據鞍生風，蹄蹴電飛，著眼俱失，急乎霧乎，細辯之，見馬上起舞，或翻或臥，或折或踞，或坐或騎，或搶或脫，或躍而立，或頓而側，時手撒彎，時腳躡靴，時身離蹬，以為勢脫將墜矣。而盤旋益熟，觀者無不咋舌。而神色自差矣！」其文生動形象地把馬術藝人的鞍上技藝寫得活靈活現，呼之欲出。吳橋民間的馬戲藝術在發展得如此玄妙，足知其歷史悠久、源遠流長矣！

舞女

第一次鴉片戰爭之後，外國列強的政客、商人紛紛攜帶眷屬來華，他們就是西洋舞的傳人。於是，西洋舞作為西人家庭、會所日常聯誼娛樂的形式，也就進入了中國。

起先，跳舞也只限於洋人的生活圈內，第二次鴉片戰爭之後，清廷再次簽署了喪權辱國的條約，廣州、上海、天津、北京都成了洋人進出的地域。外交

使館林立，中西社交頻繁，中國的洋務派官員、買辦和思想激進的縉紳，也都積極學習起「洋務應酬」，參加外國人舉辦的宴會、舞會，連一品大員李鴻章、盛宣懷也都學跳洋舞應承酬酢。此風之下，不少府衙公館也悄悄撤去中式家私，布置起一間「習舞廳」。不少身著長袍馬褂、腦後拖著一條長辮子的形象，便常常出現在舞會當中。彼時，在宮禁之外的東交民巷交際處和後來興建的六國飯店、新新飯店，早已是夜夜笙歌、洋舞翩翩了。

　　隨著交際舞的推廣，以伴舞為職業的舞女就出現了。上海先於北京，《滬上珍聞錄》稱，1842 年交誼舞就傳進上海。不久，租界中就出現了西人開辦的舞蹈學校。該校先是教授西人子女學習跳舞。不久就變成專門培養舞女的職業學校。該校畢業的學生除了名門閨秀、大家淑女之外，大多去了「辣斐花園」做舞女。」《滬上西人竹枝詞》寫道：

　　　玻杯互勸酒休辭，擊鼓淵淵節奏遲。

　　　入抱回身歡已極，八音筒裏寫相思。

歌舞團

　　在歐風東漸的影響下，西洋音樂、西洋歌舞亦逐漸為國人接受。1920 年，中國流行音樂之父黎錦暉本著「宣傳樂藝、輔助新運」的理念，創立了「明月音樂會」，他不拘一格地組織人才，排演西洋歌舞，開始大規模地進行商業性的演出活動。由於形式開朗、視聽新穎，很快就為時尚階層所接受，成為一個較為現代化的歌舞團。

　　此後的十七年間，明月社多次更名。先後以「中華歌舞專修學校」「美美女校」「中華歌舞團」「明月歌劇社」出現。但實質內容並無變化，並且具有相當的連貫性。在眾多藝術家如徐來、黎莉莉、王人美等人的努力下，明月社的音樂活動日趨專業和成熟。由黎錦暉等創作的愛情歌曲，廣泛流傳於城市的街頭巷尾。後來，聶耳、白虹、周旋、楊枝露、黎明健、于立群等人也加入該團，創作出了更多優秀的歌舞節目，深受各界人士歡迎。尤其受到青年學生的讚賞。其中，歌舞團演出的《桃花江》《特別快車》《夜深沉》《小小茉莉》《薔薇處處開》《妹妹我愛你》等，都是中國最早的流行歌曲，在當時的中國產生過巨大的影響。後來，黎錦暉便與「大中華唱片公司」簽約，灌製了唱片近一百多張，在社會上廣為售賣，不僅解決了歌舞團開支問題，而且把流行歌曲傳播到全國各地。與明月歌舞團具同等影響的，還有「梅花歌舞團」，創辦人是魏縈波女士，對中國近代舞蹈有著巨大的影響。

舞龍

　　龍是一種想像中的動物，它的形象是鼉頭、鹿角、牛睛、鯉鬚、蛇身、鱷尾，周身魚鱗，四隻鷹爪。上能騰雲乘霧，勢沖九霄。下能翻江倒海，直抵幽

溟。而且，其身能大能小、變化無窮，簡直無可匹敵。

　　聞一多先生說：龍是上古時期的一個強大部落的圖騰。它是各類動物身上最有光彩和力量部分的組合。傳說中，龍集日月之精華，匯天地之靈氣，具百獸之形，兼包容四海、吐納百川之胸襟。龍居深潭，統馭四海，可以呼風喚雨，調控水旱。自古以來，龍在乾旱之年，都是人們用來祈雨的神祇。

　　先秦有「魚龍曼衍」之說，用以描述人們擎著假龍舞蹈，希望它普降甘霖。以後，這種形式逐漸演變成節日中的娛樂節目。《東京夢華錄》記有正月十五鬧元宵的盛況：「左右門上，各以草把縛戲龍之狀。用青幕遮籠，草上密置燈燭數萬盞，望之蜿蜒如飛走。」南宋時期，「初為谷龍，稻草龍，後在草龍上加蓋青色或黃色的龍衣布。這樣，逐漸演變成用竹篾紮龍頭、龍節和龍尾，裏以色布。黃龍染黃色，青龍染青色。如果使用設有燈籠的，則稱為龍燈。清人李聲振有一首《龍燈鬥》：

　　　　屈曲隨人匹練斜，春燈影裏動金蛇；
　　　　燭龍神物傳山海，浪說紅雲露爪牙。

　　這裡舞的是龍燈。龍燈的樣子與今日相似。可以在白天舞，也可以在夜晚飛馳。夜晚的舞龍通常以火球開道。龍的長度由九節到十二節不等，可由數十健兒駕馭，舞動起來氣宇昂揚。體現出民間文化藝術之精華。此俗延至而今，加之鑼鼓鞭炮、喝彩聲響成一片，呈現出一片熱烈祥和的氣象。

賣話匣子

　　清末民初大畫家陳師曾先生曾經繪有《北京風俗圖》計十七幅，全是描寫老北京市井平民日常生活的畫面，其中有一幅《話匣子》十分生動有趣。圖中畫了兩個背著包袱的人，前面人的肩上扛著個大喇叭，包袱裏邊裝的是木製的話匣子。用的時候，再把肩上的喇叭裝上，就可以放出聲音來。另一個人背著一個大挎包，挎包裏放的是一大摞硬膠木唱片。二人一前一後走街串巷地兜攬生意。當時人們叫他們是「放話匣子的」。這一行在清末民初很是流行。說誰家中辦紅事、辦壽事、辦堂會，叫放話匣子的來，在親朋好友中間放上半天，湊個熱鬧。或是平民家中的老太太、女當家的在屋中閒得沒事，揀些唱盤放放，花錢不多，戲癮過足。清人青羊居士有《竹枝詞》寫道：

　　　　燕市伶工絕妙腔，流傳海外號無雙；

　　　　鴻升嘎調鑫培韻，此派由來異外江。

　　話匣子人人皆愛，處處歡迎，所以出現了租借話匣子這一行。話匣子的學名叫留聲機，是法國人斯科特在 1857 年率先發明的，愛迪生完善了錄音裝置。1898 年，英國駐華大使最先將留聲機帶進中國。慈禧皇太后對這種洋玩意愛不釋手。民國初年，留聲機漸漸增多了，殷實的家庭也買得起。同時，也成了放話匣子這一行人的生計。名士大鐙居士有詩題留聲機：

　　　　繞梁三日有餘音，一曲真能值萬金；

　　　　自得留聲舊機器，十年糊口到而今。

女子蘇灘

　　灘簧原是蘇州一帶的民間小唱，清同治年間流傳到上海。起初，除了藝人們演唱之外，一些商界人士也習唱自娛，自稱清客遙。後來，專業唱手層出不窮。灘簧就成了一種曲藝藝術。

　　光緒十年（1884），蘇州名角張筱棣將蘇灘率先搬入四馬路義園茶館公演。店員出身的清客林步青也借臺客串了三天。不想一舉成名，紅了半邊天。於是，他正式下海並首創蘇灘班子，常在嘉定、湖州等地茶館、書場演出。林步青工丑角，擅唱的曲目有《遊殿》《教歌》《探親相罵》《賣橄欖》《馬浪蕩》等。他才思敏捷，能即興編唱，將當天報上的社會新聞編成「時事新賦」即席演唱，深受聽眾喜歡。

　　不久，社會風氣日益開明，林步青便開始教授女弟子，安排她們在幕間演唱《馬浪蕩》《蕩湖船》等折子。女子上臺，濃妝豔抹，操著吳儂軟語，款款

唱來，妙趣橫生，頗受市俗歡迎。「女子灘簧」成為上海流行的一大曲種。她
們自成一格，形成了獨有的「海道」特色。

　　民國初年《申報》報導：「怡紅社」女子蘇灘的演唱方式先唱時調，另加
京調、漢調，用五音聯彈坐唱，還附送生、旦、丑角的戲曲表演。可見，女子
蘇灘的紅火，獨佔一時風光。大世界建成之後，女子蘇灘的演出形式逐漸被
「群芳會唱」所代替，逐漸退出了舞臺。

梅花大鼓

　　清末詩人汪述祖的《二閘竹枝詞》寫有女子鼓書的演唱情況：

　　　　雛鶯乳燕不知名，開口欣然座客迎；
　　　　一曲清歌金一餅，有人念爾亦蒼生。

　　清乾隆年間，乾坤已定。官辦的票房解散，鼓曲散入民間。此時的詞曲反
而更加完美動聽，成為人們喜聞樂見的一種曲藝形式。其中一種是由三弦、四
胡、琵琶、揚琴及鼓板五種樂器伴奏的唱法，有人便以「梅花五瓣」喻之，稱
之為梅花大鼓。

梅花人鼓唱詞為七字句和十字句，有慢板、二六板、上板二個基本板式，唱腔中穿插一些曲牌，《太平年》《銀紐絲》等。梅花大鼓是以金萬昌為代表，獨樹一幟的曲種。又經過天津著名弦師盧成科的潤色，吸收了當時的一些時調小曲，進一步豐富了梅花大鼓的唱腔和伴奏音樂。使得這一曲種加嫵媚動聽。金萬昌他還培養出了一大批女弟子，如花四寶、花五寶、花小寶等，一登臺就紅得發紫。梅花大鼓特別注重發揮女聲演唱所長，進一步打開高腔音域，形成了悲涼、柔媚、委婉的風格。著名唱段有《鴻雁捎書》《王二姐思夫》和《紅樓夢》等，膾炙人口。

梅花大鼓的演出形式為一人打鼓說書。民國十年，出現了對唱。此外，它還有一種獨特的形式，叫做「五音聯彈」，演員司鼓擊板，樂隊四人相互協作，操五種樂器，唱短段，格外火熱。

唱新聞

「唱新聞」又叫「唱蓬蓬」。民初多為盲人演唱。因為他在演唱時常常帶有哭腔，好似乞丐求食一樣，故而也稱「討飯腔」，而且「唱新聞」的盲藝人時常在里弄人家的門前唱，又被人們稱為「唱門頭」。

　　唱新聞的大多是一人演唱，自己唱，自己伴奏。相傳，瞎子阿炳幹的就是這一行生計。阿炳的琴拉得好，「二泉映月」是他的代表作。每拉此曲，必能收穫一天的飯資。阿炳唱得也好，他每天到小攤上或香煙鋪子裏，聽人家講當日的新聞。上午聽到的新聞，下午就能打著節拍，合著音韻，有滋有味地唱出來。他的開場白是：「說起新聞，話起新聞，新聞出在東西門——」。他唱新聞，有時用民間小調，有時用灘簧的曲調，總能招來一幫聽客。因為人人都愛聽，所以仿傚的人特別多。最終演變成一種街頭鬻藝的形式。

　　唱新聞的最大特點是反映平民心聲，針砭時事，愛憎分明。有些段子流傳很廣，如《沙殼子的下場》《租田當自產》等，語言生動，正氣凜然。

　　他唱的另一段《十九路軍英勇抗戰》，熱情歌頌了愛國將士英勇殺敵，影響至深。在北方這種「唱新聞」的藝人也屢見不鮮。只是伴奏的樂器和曲調與南方略有不同。清刊《都門竹枝詞》中有一首寫得很是生動：

　　　棚棚手內抱三弦，草紙遮頭日照偏；

　　　更有一般堪笑處，新聞編出太平年。

雙簧

　　雙簧的創始人是清末自彈自唱的硬書藝人黃輔臣。據說他晚年因為嗓音失聲，彈唱起來，坐在遠處的聽眾就聽不清了。慈禧太后除了愛看戲之外，她也愛聽曲藝。有一次傳黃輔臣進宮演出。他當時已經七十多歲，進宮去若是唱

不了，就要問罪。不進宮演出，則是抗旨不遵。怎麼辦？他想了個辦法，帶他兒子一起進宮。表演時讓他兒子蹲在袍子下面唱，他自己坐著彈弦子。要唱的時候，他就只張嘴學口形，如同而今的京劇「音配像」一樣。

慈禧看了很高興，說：「你老了老了，嗓子倒好了，真是返老還童呀。」黃輔臣連忙謝恩下跪。慈禧發現他嗓音嘶啞，同時還發現了他的兒子。當她得知他們父子是一唱一演時，就高興地說：「你們這是雙簧呀！」本意是「一對姓黃的」。黃輔臣乾脆借題發揮，說這種演出形式得到太后的認可，並以太后賜名，叫起「雙簧」來了。這種傳說一直是業內人士公認。自此，演雙簧便定為兩個演員，一人用形體表演，一人用聲音說唱，合二為一，以假作真，很是滑稽可愛。

雙簧的化妝也很特別，演員自己用大白塊將兩眼和嘴部都抹上三大塊白，頭上還頂著一根衝天杵的小獨辮。二人在臺上一前一後地說、學、逗、唱，插科打諢，也頗能吸引觀眾。《天橋叢談》有詩云：

辮子低盤手叉腰，開言四座笑聲招。

莫因流口譏生意，社會人情勝筆描。

說相聲

　　侯寶林編撰的《相聲》一書寫道：「所謂相聲，最初就是模仿各種聲音。如模仿人聲、鳥聲、獸聲、風聲、水聲及宇宙間其他各種聲音。」《說觚》中的《口技》一文稱：「表演者憑著一桌、一椅、一扇，隔著屏風演出，千百人齊呼，百兒齊哭」之類的大戲，就是早期相聲的模樣。

　　民國初年的相聲，多為一個人表演的單口。後來發展為兩個人說的對口相聲。後者較易，前者較難。據連闊如的《江湖叢談》記載：咸豐年間，北京出了個「窮不怕」，他是最早說相聲的人。他的表演方式是，開場前拿白沙子撒地作字，等到人多時，就手打竹板，唱段小花臉。再把京戲《背娃入府》《一匹布》《打沙鍋》等戲的內容，改編成小故事，在街頭演唱。他還善於臨機應變、抓趣逗哏，雜以二黃、大鼓、河南墜子各樣雜曲都能唱幾句。憑著那三寸不爛之舌，配上全身的表情，使看的人不知不覺地笑了起來。看熱鬧的人挺多，生意蠻好。就此，他收了幾個徒弟，一起撂地說唱，創出了這麼一行。行里人常說的「說、學、逗、唱」就是「窮不怕」給相聲下的定義。

　　說相聲必須拜師。拜師分為授業和拜門兩種。授業是從頭兒開蒙，一字一

板地教起，要三年零一節才能出師。拜門則是帶藝投師，本人會說些相聲段子，但為了取得說相聲的資格，也要請來行裏的三老四少，當眾向師傅磕頭，請客吃飯。走完這個過場，即算出科，就可以自己拉場子，單飛練活兒去了。

拍電影

　　北京第一位引進電影攝影機的是琉璃廠開照相館的任景豐先生。他從上海的洋人手裏買來一架木匣子的攝影機，並在自家的後院，為當時紅得山崩地裂的京劇泰斗譚鑫培，拍攝了一齣文武老生戲《定軍山》。另一種說法是：中國電影起源於清室宮廷。1904 年，英國駐北京公使曾進獻電影放映機一架和西洋無聲短片數套以為賀禮，在宮內的放映，慈禧老太太鳳心大悅，要立即成立電影局，來錄製吾國吾民歌舞升平之盛況。

　　民初，外國默片的湧進，帶動了電影事業迅速地推廣。國內很多大城市中，看電影已經成為大眾娛樂。北京、上海、天津都出現了不少電影院。連巴山蜀水的四川成都，在光緒末年，也出現了專門放映電影的場所。無疑放影戲這一行的技術隊伍已初步形成。但是，他們姓字名誰卻無一記載。清傳崇矩編

撰的《成都通覽》一書，上邊繪有《電光戲》一圖，見刊於宣統元年九月至二年六月之間。圖下有釋文寫道：「圖書局傅牧村在東洋（即日本）習演一年，方購回用，設立電光館。公館署約演者，價二十元至三十元，若赴圖書局觀，每人二角。」這條小注，給我們介紹了唯一一名有名有姓的影戲播放員。專門放映電影的戲樓、影院大量的出現，贏得眾多觀眾的歡迎，1913 年，張石川與鄭正秋、杜俊三等人創辦了新民電影製作公司，開始拍攝中國自己的電影。

電影明星

上個世紀二三十年代，上海多家電影公司爭先恐後地推出了一部又一部精彩的國產電影。隨之也推出了一大批電影明星。這些明星除了在銀幕上演出諸多感人的故事，她們的個人生活也連續不斷地演繹著悲歡離合。有些明星的個人經歷和感情生活豐富多彩。精彩程度甚至超過了她們在銀幕上的表演，成了小報新聞和人們街談巷議的熱點。

最早，明星公司的《孤兒救祖》捧出了中國第一位女明星——王漢倫。她的從影經過了家庭革命，在改名換姓之後，才開始了她的明星生涯。不久，十六歲的阮玲玉考入明星電影公司，一夜之間成了電影巨星。而身世成謎的影帝金焰，在走投無路的時候，遇到留美歸來的導演孫瑜。從此也走上了明星之路……。影迷們在崇拜好萊塢的但妮爾、珍妮蓋諾、瑪麗碧克馥、葛麗泰嘉寶之外，國產影片也使一大批中國女明星相繼走紅。楊耐梅、張織雲、宣

景琳、陳玉梅、胡蝶、阮玲玉、陳雲裳等，都隨著感人的電影故事而家喻戶曉。她們的一顰一笑、一舉一動，都會牽動著觀眾的心。從她們主演的每一部影片，到她們的生活習慣，以至她們的衣著打扮，豢養的貓狗，都使影迷們如數家珍。

電影明星的魅力無處不在，街上的廣告招貼畫裏都是她們的身影。她們為香煙、綢緞、化妝品代言，印滿了月份牌。印在期刊、畫報之上，使電影明星這一行成為最為耀眼的職業。

摞地小戲

舊日北京的天橋、天津的三不管、上海的城隍廟，都是雜耍藝人摞地作藝的場所。摞地小戲幾乎與摞地相聲一樣，是一對滑稽雙胞胎。唱摞地小戲的多是兩三個人搭檔，他們用白沙子在地上畫個大圈就開始表演，行話叫做「畫鍋」，無非是靠它吃飯的意思。自嘲「颱風減半，下雨全無」。過的是「雨來散」的生活。有時為了迎合觀眾，表演的內容也十分粗俗。正如《天橋一覽》所講：「這些雜耍都是富有低級趣味，非撒村（即村野下流）不受歡迎。」

例如，天橋唱小戲的「老萬人迷」，天生有一條好嗓子，基本功也非常紮實。但長相極其醜陋，頭頂和下巴尖似塔尖，黃鬢獨眼，人們一看見他便會發笑。他演戲時沒有什麼道具，用竹板充當鑼鼓和檀板，破鞋充當戲曲中生、旦、淨、末、丑各種行當。演唱《釣金龜》時，他一人描摹康氏和張義兩個人

物。演唱《二進宮》時，能一人串唱徐延昭、楊波和李豔妃。

　　還有天橋的「雲裏飛」，他在天橋三角市場內露演。他的場子裏很簡單，一個桌兩條板凳，算唱戲用的。所多的就是一塊印著牛黃解毒丸廣告的大臺簾，做下場門。唱戲也有行頭，在天橋算是獨一份。行頭的新奇和製法，烏紗帽是用大紙盒改造的，上面塗些兒墨。鬍子的製法更簡單，是用長頭髮繫在鐵絲上，更妙的是一根粗鐵絲上，繫著一些鵝毛，便算是舞臺上的雉翎。一根蘆茅棍上繫一些紅線麻繩，便成了馬鞭。大褂不扣紐就算是袍子，面口袋染紅了，縫成一個背心，上至天子，下至走卒，都能穿戴。這一行即可笑又可憐。

案目

　　案目，也稱案馬，是晚清上海戲園中出現的一種中介人，專門負責戲園子的出票。民初戲館門前總是站著一批衣著整齊、滿臉含笑、逢人就點頭哈腰的人，他們就是劇場的案目。

　　彼時上海的戲園制度很特別，要在某個戲園當案目，必須先交納一筆押櫃費，每人大約四百元左右。案目的好處在哪呢？不就是招攬幾位熟客看戲，

或是引導幾位生客入座嗎！其實，並非這麼簡單。這些案目各有自己固定的「關係戶」，官府、宅門、富商、縉紳、老爺、太太、小姐、少爺，大都廣泛交結攀識。專門為他們的娛樂生活服務。什麼人愛聽什麼戲，什麼人是什麼口味，案目都瞭如指掌。一有新角新戲到滬，他們就積極推薦，提前訂票送票。本人還在戲前戲後，接待迎送。他們的正常收入在票子上，每張票可以拿個九五扣。數目看似不大，合起來還是很可觀的。譬如，今天賣了一千元，他們就可以得到五十元。一個月下來，可得一千五六百元。此外，他們還有自己的進賬、外快。比如客人要吃點心，案目代叫，價格雖然一樣，而案目向點心店結帳時也有個九五扣。他們對於大戶如公館中的太太奶奶們，或者大商家們，往往不一定當天付賬，可以賒欠。他們隔兩三天再去收，或是攢上一些時候一起收。這樣他可以虛報票數，闊家主說不定也不計較，有的還會多給些小費。又是一檔收入，有時闊太太帶孩子和親戚去看戲，案目還會請他們吃飯，收到的小費遠比飯賞還要高許多。

賣胡琴

清人有《竹枝詞》云：

胡琴本是西番樂，靡靡之音蕩人魄。

所以不登大雅堂，正樂之中用不著。

胡琴之所以稱為胡琴，是因為它出身於西域，並非是華夏的正統樂器。在北宋之前，中原並沒有這種樂器。北宋時，出現了一種用馬尾弓拉弦的琴。據沈括在《夢溪筆談》中的記載：馬尾胡琴的形狀是長柄、無品、音箱梨形，兩弦、琴頭上鑲著龍首，用馬尾弓拉奏。曲聲抑鬱，原本是駐守在北部邊疆的士兵們依據外域樂器改制的。到了南宋，胡琴才流行起來，胡琴的名字也就叫起來了。

清代末年，用胡琴伴奏的京劇如日中天名家輩出，成為中國人一大娛樂項目。淨居主人《都門竹枝詞》寫道：

半晌無事撞街頭，三五成群逐隊遊；

天樂館中瞧雜耍，明朝又上廣和樓。

去廣和樓聽京劇是京中閒人們的頭等要事。京劇演得火，票友、戲迷、清音桌，多得不可勝數。不少琴師和京劇藝人都會製作胡琴，他們把胡琴拿到街上去賣，質量不錯，價格低廉，適合初學者使用，也很受戲迷歡迎。20 年代，在集市、廟會、街道、巷弄裏，隨時都可以看到賣胡琴的身影。他們肩搭一隻白口袋，裏面裝滿胡琴。手裏拿著一把，一邊走一邊拉，有時還哼哼幾句，招徠顧客。

鼓號隊

中國近代的鼓號隊起源自古代的鹵薄儀仗制度。鹵薄儀仗制度是封建社會皇帝君王和首輔重臣出行時，為了展示威儀而特別訓練設置的一種隊列。這種儀仗隊有著森嚴的等級定制，是不可隨便逾越的。相傳四千多年前，夏禹在塗山會盟時，就開始使用了大型的儀仗隊。春秋時期，繼續沿用此法，目的在於「觀兵以威諸侯」。

依鹵薄制度的規定，儀仗樂隊和舞蹈是其中最重要的組成部分。其中也配製音樂。儀仗的音樂根據古代的音律，使用傳統樂器進行演奏。以烘托儀仗的威武莊嚴。樂器由鎛鍾、編鍾、特磬、編磬、建鼓、搏拊、箎、簫、排簫、笛、琴、瑟、笙、塤、柷、敔等組成。在「麾」的指揮下進行齊奏。歷朝歷代宮廷內，凡舉行重大儀式的時候，鹵薄儀仗陳列如儀，是必不可少的。

辛亥革命後，封建的鹵薄制度被正式廢除。但儀仗隊的形式並沒有廢除，而是引進了西洋的洋鼓、洋號、洋音樂，用來代替傳統的「韶樂」。據說大總統進膳時，還就要讓這些洋鼓、洋號、鼓樂齊鳴，以示「鐘鳴鼎食」之意。

民國期間，軍隊、學校都有了自己的鼓號隊。只是它們的規模大小不同，一般的鼓號隊都是由大鼓、小鼓、三音鼓、小鑔、大鑔、長號或者小號等樂器組成。當鼓號隊普及到學校之後，女學生也參加了鼓號隊。鼓號隊的編制和管理帶有軍人味道。對於集體教育起著很大的促進作用。

30年代，我國社會上還出現了商業性的鼓號隊。這類鼓號隊組織不大，身著統一的呢子制服，專為民間的婚喪嫁娶演奏音樂，也為商業做廣告業務。

賣氣球

在二二十年代，廟會集市上開始出現了一種專賣氣球的小販。年輕的媽媽帶著兒子去逛廟會，看到賣氣球的好不高興。這些氣球有長的、有圓的、還有的長氣球編成各種各樣的小動物，比如，小豬、小羊、小狗等。孩子的天性童趣，非要不可。媽媽只能答應孩子買一個。孩子滿心歡喜地又蹦又跳。

賣氣球的用手工打氣筒給氣球打滿氣，在媽媽和孩子還有很多圍觀者的注意下，一個圓圓的氣球就做成了，兩個大子兒一個。孩子拿著氣球甭提多高興了。這個孩子舉著氣球剛走，另外的孩子則又纏著爺爺奶奶鬧了起來。大人沒辦法，也得掏錢買。不一會，賣氣球的就發了一大利市。

　　氣球作為兒童玩具時興得較晚，是因為橡膠應用從工業材料轉為兒童玩物領域的時間，也是很晚的緣故。橡膠一詞來源於印第安語，意為「流淚的樹」。橡膠樹原產於南美洲亞馬孫河流域熱帶雨林中，當地人民早已認識到橡膠有彈性和防水功能。1493 年，哥倫佈在海地看到印第安兒童在玩一種皮球，它的彈力很大，擲在水中可以漂浮。對之頗感興趣。1770 年，英國化學家普里斯特利發現橡膠有良好的物理力學性能，和化學穩定性。自此，橡膠工業迅速發展起來，廣泛用於製造輪胎、膠管、膠帶、電纜及其他橡膠製品。我國海南、雲南也開始種植天然橡膠，割膠時流出的膠乳經凝固乾燥後製得的橡膠具有可逆形變的高彈性。在很小的外力作用下能產生較大形變。除去外力後能恢復原狀。一些小作坊開始用它來製作猴皮筋、氣球等玩具，供節假日裝飾或兒童玩耍娛樂之用。

賣野人頭

　　清末宣統年間出版的《圖畫日報》上刊有孫蘭蓀的一首《竹枝詞》《賣野人頭》他說：「野人頭，沒來由，藥水玻璃四面兜。只見人頭不見人體，野人開口啾啾。哪知世間別有野人頭，騙人賣脫無其數。」

　　他說的《賣野人頭》是一種雜技攤檔上的幻術，這種表演多是在一個高高的檯子上，立上一張桌子。遠遠看去，中間一個花盆，花盆上的植物長著很多葉子。葉子中間沒有花，而是長著一個洋人的頭顱，會動，還會說話。有的是洋女人的頭。描眉畫眼，還會抽煙，這都是洋人魔術團的玩意兒。後來傳入民

間的雜耍攤兒，成為一種招攬看客賺錢的生意。這一招兒，在一百年前還真是很招人看的。

民國時期，這種幻術傳到了北京，內行人管它叫「腥棚」。表演的內容還有所發展，比如，人頭蜘蛛、雙頭美人等等。其中的頭顱也不是外國人了，全都換成了中國大美人。不久，一些賣耍活的串街小販，用膠泥燒製成各種古怪的小洋人頭，插在草把子上，當成兒童玩具串街叫賣。口中叫道：「賣野人頭吧──」。後來，賣野人頭這句話變成了上海一帶的地方方言，用來形容「虛張聲勢的嚇人和騙人的勾當。」其中的含意類似「掛羊頭，賣狗肉」。

上海人說：「把個野人頭賣給儂，當儂屈死。」「屈死」也是上海話，翻譯成北方話是：「傻瓜，笨蛋也。」

捲煙女工

《滬上竹枝詞》寫有《手卷香煙》一詩寫道：

香煙之來自外洋，吸之滿口生清香。

老牌新牌數十種，在華種種多銷場。

我此亦有好煙草，水煙旱煙當時實。
而今買賣紙煙多，流出利源亦不小。

紙卷香煙是美國的發明的，1865 年，形成機械化生產。1875 年，美國紙煙開始登陸上海。十年間英國、美國、日本、希臘多種品牌的香煙在中國大為暢銷。因有暴利可圖，他們引進捲煙機開始在滬設廠生產香煙，並且開始雇用中國女工包裝香煙。女工手巧心細，快速敏捷，包出的香煙包，包包周正磁實，無人能比。

到了民初，國際壟斷企業英美煙草公司和愛國華僑簡照南兄弟開辦的南洋兄弟煙草公司相繼在滬建廠。彼時，捲煙女工隊伍越來越壯大，成了女子從業的一大行當。但是，她們的工作量極大，而最初的收入並不高，只有九元錢。後來，經過工會有組織的抗爭，最終取得勝利。工資漲到了 12 元。促成了第一個以女性為主要力量的上海煙草工人會的成立。工會總部設在成都路 19 號，成為中國女工權益的一座標誌。

當年的物價十分低廉，月入 12 元大洋，相當於巡警局長的月入，可以養活一大家子人。

賣煙捲兒

賣煙捲兒，也就是賣香煙。這一行迄今隨處可見。然而煙捲兒並不是我國的發明。它原是從美國進口的洋玩意兒，所以當時人們都叫它「洋煙捲兒」。

150 年前的美國人是用嚼食煙葉的方式吸煙的，也叫嚼煙。紙卷煙絲吸用

的方法是在美墨戰爭（1846～1848）期間，美國士兵在戰壕中的一種應急的發明。他們用包子彈的紙包裹煙葉吸食。因便於攜帶，很快就流行起來。

據上海檔案館珍藏的《頤中檔案》記載：杜克公司生產的「小美女牌」香煙是在1885年進入我國的。由茂生洋行總經銷。但是，因為「這種香煙兩頭能吸，國人只覺得好玩，而無人購買。」一時銷量甚微。真正使香煙在中國得到推廣是在1889年，杜克公司聘用的銷售代表菲里斯克，他攜帶著「品海」「老車」兩個牌號的紙煙來到上海，一改以前坐店經營的老方法，聯合了七家洋雜貨店的老闆，如「葉德馨」的葉益水，「乾坤和」的蔣正元，「永泰棧」的鄭伯昭，「永仁昌」的嚴維周等合作。因為中國商人最瞭解中國人的消費心理，在大做廣告宣傳的同時，他們向路人無償贈吸香煙，還用香煙饋贈達官顯貴，朝廷宮掖。再加上美國煙葉從本質上就優於我國的土煙，而且煙絲細軟，配料精良、吸食方便，使人一沾便愛不釋手。不到一年，捲煙就成了社會上時髦的東西。城市中賣煙捲兒的買賣有大小之分，小的買賣，就是街頭的小煙攤兒，或是走街串巷，脖子上弔著一個紙煙匣子的流動小販。購買者都是城市貧民。賣不起整包的煙，就買拆了包的零支。

換取燈兒

巷弄悽惶換取燈，錙銖微利賤且輕；
些小一匣藏天火，為君迎來光與明。

　　換取燈兒的，是收廢品、收破爛行中的一種，多是窮苦婦人或老弱男丁操此業。肩挑一付破竹擔或是背著一隻破筐踽踽而行，邊走邊拉著長音吆喝「破爛兒——換取燈兒——」。這種收破爛的方式，是採用以物易物的形式進行的。用於易貨的物品之微，僅一兩盒取燈兒。所易之物，除了破鋪陳（即爛布）、爛紙，連一丁點可用的家什都夠不上。其物微、其利薄，操此業者，實在是窮途末路的苦人也。他們收上來的廢紙，積攢起來一總賣給造紙廠，打碎漚漿，生產草紙，收上來的碎銅爛鐵、玻璃渣子，送去回爐再造，變廢為新；爛布就送去打袼褙，納鞋底。各派用場，一無所棄。

　　取燈兒就是火柴。一枝枝半寸來長的小木棍上，一頭沾有磷磺。《清異錄》記載：有人把朽木劈成細條，再塗上硫磺，放在方便之處備用。需要時，一碰火種便馬上燃著，很是方便。時稱「呼光奴」。可惜這項發明未能深入進去。直到清代道光年間，西洋火柴進入中國，人們知道了它的原理，在大城市中相繼出現了一些小型的民營工廠。沾火柴、糊火柴盒、裝火柴，用的全是女工。由於成本低廉，洋火的使用很普及，因之出現了收破爛、換火柴這一行當。

女售票員

　　有軌電車是在 1881 年由德國人西門子率先發明出來的。由於方便、快捷、平穩，很快在歐洲流行起來。

　　1898 年，上海法租界公董局與公共租界工部局聯合組成電車設計委員會，引進了這種交通工具。1908 年 3 月 5 日剪綵，上海第一條有軌電車路線正式

通車營運。自靜安寺始發至上海總會，線路全程 6.04 公里。車廂分頭等、二
等兩檔，實行分段計價制。

　　電車上的第一批乘客全是上海灘上有名的縉紳 24 人。其中一半為外國紳
士，餘之為名流大亨。車上的售票員是由德國女郎凱恩小姐充任，開創了女
士售票服務的先河。

　　1912 年上海華商電車公司成立，並於次年在南市開通了第一條國人自己
經營的有軌電車。車上的售票員也就依循前例由女性服務。儘管當年封建桎梏
重重，公司還是用高薪雇用了幾名勇於衝破藩籬的知識女性擔當此任，所引起
的轟動自是不言而喻。從此，電車售票員成了一種女性可以擔當的新職業。

俄國人賣地毯

　　1917 年 10 月，在列寧和托洛茨基等人的領導下，俄布爾什維克黨率領工
人、士兵發動武裝起義，建立了蘇維埃政權。攻打冬宮的隆隆炮聲中，全俄羅
斯第二次蘇維埃代表大會在斯莫爾尼宮開幕。大會首先通過了列寧起草的《告

工人士兵和農民書》，宣告全國各地政權一律歸工人、農民、士兵所代表的蘇維埃。次日，大會又通過了列寧起草的《和平法令》和《土地法令》，立即廢除地主土地所有制，全部土地收歸國有，交給勞動農民使用。從而，宣告了世界上第一個無產階級專政國家的成立。

新政權堅決執行無產階級專政，槍決了沙皇全家和封建貴族中的達官顯貴。沒收了地主、富農的土地和資本家工廠以及他們的一切財產。推行了從肉體上消滅地主、富農和資本家的極端政策。大批俄國貴族、有產階級和猶太人遭到屠殺。幸免於難的，攜家帶口逃亡國外，剛剛成立的中華民國政府採取了包容政策，無私地接受了這些難民到中國避難。哈爾濱、瀋陽、上海等地，一時成了白俄難民的避風港和棲身之所。最初，這些難民尚可以用攜帶出來的金錢安身度日。但是，由於他們身處異域，舉目無親，且有語言障礙，工作難覓。時間一長，經濟上就出現了困難，無法謀生。許多俄國難民就依靠妻子或女兒當舞女來維持全家的生計。不少年青的俄國女人只好拋頭露面地外出賣淫。彼時，大街上時常出現失魂落魄的白俄男子，孤零零地扛著家中的地毯，站在馬路的便道上待價而沽。看起來十分淒苦慘傷。

搬家公司

舊社會，幫助住家戶搬家的叫「窩脖兒」。他們用一塊木板，一根繩子或一副臂膀，就能把家什統統搬完。「窩脖兒」這一行也不是隨便什麼人都能幹得了的。這行人的肩膀要寬且大，肌肉要有耐久力和承受力。塌下腰，扛起貨物時，必須平實穩重，不管大街小巷有多少人來人往，一路走來，保證不把雇主的東西碰翻、碰壞。這種扛技能把一張八仙桌扛上肩頭，再在桌子上放上一份羊肉火鍋，走上十里八里，滿鍋滾開的湯汁絕不會灑落半滴。後來，這類搬運有了進步，開始借用小車、榻車，人們叫它「膠行」。

由於《南京條約》的簽訂，上海外灘漸漸成為外國列強爭奪的一塊肥肉。各租界區管理機構、銀行、旅館業的大班，開始投資建造一批又一批風格各異的高樓大廈。在上世紀二三十年代期間，全長三里的外灘上共建有大樓五十二幢，形成了一組「萬國建築博覽會」的建築群，其它街區也樓舍林立，城市人口激增，城市建設的迅猛發展，帶動了市井百業的興隆繁盛。各類公司、商場、商店如雨後春筍一般從地裏鑽了出來。外地人口也擁入城區，如是，需要搬運的工作量之大，到了匪夷所思的程度。老式的「窩脖」「膠行」和人力搬

運，早已跟不上形勢。廣東商人麥立水看準了這項生意的前景，率先在上海工部局正式註冊了「佳福」搬運公司正式啟動營業。各公司搬遷、搬運貨物的業務應接不暇。隨著業務的不斷擴大公司員工已達到一百多人。

女招待

　　女招待興起於民國初年，最早見於廣州一帶的茶樓。彼時報紙上的宣傳很熱鬧。謂「女子取代茶博士」「婦女走入社會之新途徑」。但是在民間，茶客們還都很輕蔑地認為女招待是半個娼妓。

　　女招待一般都是城市的平民家中的女孩，因為家庭生活困難而被迫出來工作。她們一般長相不錯，有的還念過一點書，身姿修美，身體健康。每天掂著茶壺為客人沏茶倒水，應酬於茶座熟客之間。除了倒水之外，還要捧點心。後來還出現了專門的「點心妹」。

　　女人的細心和溫柔給茶館帶來更多的收入。此風刮得很盛，老舍筆下《茶館》中的老掌櫃就曾銳意改革，力圖趨時，還聘請了小丁寶來當女招待。

　　女招待本是一種堂堂正正的職業，但彼時女子走入社會，在外面拋頭露面

地工作是需要很大的勇氣。據北京市檔案館藏「北平市社會局」檔案 J2-3-98 號記載，1934 年 1 月 12 日，共和社社長聶海忱親自到戲劇審查委員會申請演出「女招待」一劇。此劇是說一家飯莊的女招待，在服務時結識了一位常來飯館請客的商界老闆某先生。日久天長，二人產生了感情。後來，這位女店員辭工嫁到他家。這位大賈家中原有妻室，女店員過門之後，醋海波瀾驟起。閨幃風雲大變，妻妾爭風吃醋，無一寧日。從中敷衍出一系列鬧劇。審查員陳元章在讀完劇本後，於 1 月 15 日呈報告云：「該劇表演女招待因結識飯座嫁人為妾，並有爭風互毆情節，與女子職業前途恐生不良影響。且以「女店員」三字號召，尤非所宜」。因而「不准備案，不准公演」。

女售貨員

　　女子站櫃臺賣貨最早始於上海先施公司。而第一位女子售貨員乃是先施公司創辦人馬應彪先生的原配夫人霍慶棠。霍慶棠少年時代聰明好學，思想前衛。她襄助其夫回國經營商業，一位「實業救國」的巾幗女傑。

　　舊中國，封建專制把女子羈留深閨，不能出來工作。霍慶棠認為時代變

了，男女平權平等。為了方便女顧客購物，先施公司率先招聘女售貨員。無奈招聘啟事貼出逾月，不見一人應聘。霍慶棠便親自披掛上陣，做起了化妝品部的售貨員。她還帶動了兩個小姑娘和她一起在櫃檯上售貨。

霍慶棠儀態端莊，嫻於辭令，積極推介產品，熱情招待顧客。一時間「三個女人同臺站」的佳話傳遍上海、香港和澳門。社會人士紛紛來到先施公司購物，都想親身體會一下女性服務的感受。人們翹起大拇指，讚美她的勇敢和偉大。因之，先施公司的生意日益發達。霍慶棠的人格勇氣成了公司的活廣告，使得公司營銷額與日俱增。在 1927 年的「天乳運動」時期，霍慶棠又帶頭到了服裝部，親自培訓女售貨員熟悉銷售乳罩的業務，並以自身為模特為女顧客服務。為了工作的方便，她還帶頭剪去髮辮，盡展女性幹練之風。每日顧客盈門，應接不暇。在她的帶動下，很多婦女走出閨幃，走入社會。南京路上各大公司和商店，女子售貨蔚然成風。

女秘書

民國伊始，一些思想開明的中國公司也開始傚仿洋人公司，雇用有文化的新女性充當女秘書。這是知識女性就業的又一新的領域。

在大公司裏做秘書難，作為一個女秘書就更難了。女秘書的職位很特殊，她雖然不屬於公司的高級管理層，但因為工作直接對經理負責，常常給人以一人之下的錯覺。因此，她要淡化自己的性別和身份，做好經理的後勤。要以嚴謹的工作作風證明自己不是花瓶，也不是女招待，更不是經理的情人。

彼時公司招聘女秘書有個不成文的要求，就是「已婚女性恕不錄用」。陳白塵先生有一齣知名的話劇《結婚進行曲》，就是寫一名知識女性步入社會參加工作的事情。當房東老頭聽說女主角「在外面當秘書」的時候，頓時嚇得連鑰匙都掉在了地上。從中可以看出，當初普通人對走出家門的女性的頑固印象。另一方面，劇中的女主角也陷入了進退兩難的境地。要工作就不能結婚，要結婚就不能工作。

民國初年，女人可從事的工作，一是教員，二是護士，皆為社會認可。而女秘書就與電影演員、戲子、舞女一樣，在市俗人眼裏仍然都是「不正經的女人」。不過，知識婦女走向社會，用自身的勞動還報社會，與男人一樣進入工商界，進入寫字樓，進入各種社交場合。無論如何都是時代進步的一個象徵，都是女性解放登上的又一個新的臺階。

女職員

女職員，不同於專門配合經理工作的女秘書，也不同於站櫃臺售貨的售貨員。一般都是在公司、銀行、洋行、交易所等單位上班，有著某種專職業務能力的職業婦女。例如，銀行出納、保險營業員、業務接待員等等。銀行是上海女性最早開始涉足的行業。民國初年開始，國民商業儲蓄銀行、美豐銀行、上海商業儲蓄銀行等都相繼雇請女性擔任會計、書記員等職務。銀行的大門之所以慷慨地向女性敞開，是因為簿記等工作比較煩瑣，女性的細緻與耐心正是優勢所在。而且，當時女性多為家庭主婦，掌握家庭的收入，讓女職員辦理主婦儲蓄業務不致引起事端。再者雇請女職員，也是行業間吸引顧客的競爭策略之一。

這一行人，都有著較高的文化素質和較高的學歷，文筆好，能速記。在洋行工作的，都能說上一口流利的英語。她們不僅有著很好的家庭背景，而且自身要強，積極謀求獨立，是些勇於衝破藩籬，希冀有所作為的新女性。當時報

紙是這樣評價她們的：「新女性有完整獨立的人格，在經濟上，她不依靠任何人。因為她懂得堅實的經濟基礎，是維護自我尊嚴的必需。通過經濟的獨立，她享受著成就的滿足感。在精神境界，她不是某個男人的附屬品。」

交際花

交際花一詞出現於上個世紀20年代紙醉金迷的上海。專指那些經常出入於高級社交場所，周旋於巨商富賈之間，有一定文化素養，又有一定身價職業性或半職業性的公關女性。

有人說她們是舞女，是妓女，其實不然。這是時人對她們過於雍俗的褒貶。她們中的一些人並非以侑酒伴舞為所長，也並非以賣身伴宿為職業。她們中間確實不乏才藝雙全、有所作為的女性。若說她們都是勇於衝出樊籬、創造獨立人格的新女性也不盡然。因為她們有過多成分的「依附性」和數不清的社會醜聞，使得無數冠在「交際花」名下的女人，至今「難洗滿面羞」。這也是特殊的時代、特殊的環境下，所出現的一種特殊的職業現象。

例如，上世紀20年代著名的交際花蘇素梅，林筠香等人，都是家道殷實

的名門之後，她們的父親一位是經營國際貿易的富賈，一位是在上海工部局任職的著名建著師。而他們的女兒個性強烈，天性自強，蘇素梅成了上海著名的紅舞女。林筠香成了著名的女運動家。她們不屈從家教，終日出入各種社交場合，成為有名的可以呼風喚雨的名女人。

這些新女性出於多方面的原因，無可奈何地被人列入交際花之列。且不言及這一行人的得失功過，但一直被社會輿論嘲諷和輕賤。

女理髮師

「五四」運動的婦女解放精神，突出地強調「男人能辦到的，女人同樣也能辦到」。更有一些激進的青年男女喊出了「時代不同了，男女都一樣」的口號。男人上大學念書，女人也能上大學念書；男人上街遊行，女人也上街示威；男人投筆從戎、從軍北伐，女人也可以衝鋒陷陣、流血疆場。

在容妝方面，這種衝動首先表現在女子剪髮上。1919 年 12 月 5 日，北京《晨報》刊登了《論婦女們應該剪頭髮》的文章，一開頭作者就說：「女人比男人不自由的地方——因為女人受了頭髮的束縛。但是，我們為什麼要用頭

髮來束縛我們呢？長頭髮洗時頂麻煩，洗了還要等它乾，乾了，還要梳，不但洗頭費我們的時間太多，就是梳頭也費我們不少的時間，而男人剪短頭髮，快捷了當，令婦女相比之下大為吃虧。現在，男女平權，剪髮不應是男人特有的權柄，男人所能做的事女人沒有不能的。」上海《婦女雜誌》也登載了毛子震的《女子剪髮問題的意見》，文章痛陳長髮之害。

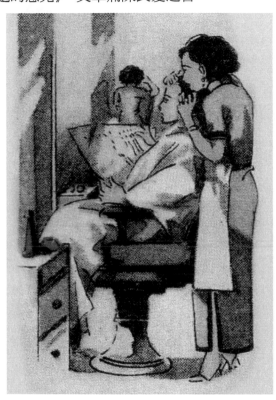

　　自此，女子剪髮在社會上形成了高潮。1924 年，德國發明的美髮吹風機傳入了上海，南京路上開設了具有成套現代理髮器具的美髮室。
　　最早從事理髮工作的多是男士，隨著女職員、女售貨員的登場，女美容師、女美髮師也應運而生。她們溫馨甜蜜的微笑和纖若柔荑的雙手，給店裏拴住了一批批的熟客。從而使美髮店的營業額成倍地上揚。

時裝屋

　　大凡改朝換代，飾皆首當其衝地發生顯著的變化。早在辛亥革命之先，就有輿論呼籲廢除「闊袍大袖、褒衣博帶」的滿族服裝。在《戊戌奏稿》中也有《請斷髮易服改元摺》，提出舊日的裝束，於「萬國競多之世，誠非所宜。」

隨著歐風東漸，新式的「奇裝異服」就赫然出場了。有的向西人看齊，雖然頭上還留著長長的髮辮，而身上已改為西服革履。

徐珂在《清稗類鈔》中寫道：「上海繁華甲於全國，一衣一服，真不矜奇鬥巧。日出新裁，其間由樸素而趨於奢華。固足證世風之日下。然亦有由被瑣而趨於簡便者，亦足見文化之日進也。」

國民革命勝利之後，婦女對服飾的改變付出了極大的熱忱。先是上衣下裙，後是上衣下褲。未幾馬甲束胸，最後是改良旗袍。依序變來，各領風氣之先。此時的上海已被世人譽為「東方的巴黎」。南京路、霞飛路、靜安寺路上的時裝店，終日人頭攢動，熱鬧非凡。建於民初的鴻翔時裝公司，朋街服裝商店、培羅蒙西服店、第一西比利亞皮貨服裝店……，都是上海時裝的龍頭老大，名傳遐邇，聲震中外。不僅蔡元培、宋慶齡到此光顧，就是英國女皇也在此訂製服裝。彼時，連孩子們都唱道：

　　時裝都學上海樣，學來學去學弗像！

　　等到學了三分像，上海早已翻花樣！

　　滬上的時裝屋如雨後春筍，山排林立。店中的產品爭奇鬥巧，花樣翻新，為婦女容妝的時尚，提供了無比廣闊的新天地。

女縫紉師

　　第一臺縫紉機是美國人伊萊亞斯發明的。他生長於馬薩諸塞州的斯賓塞。在一家紡織廠工作。由學徒工成長為一名能幹的機械師。經過多年的研究試驗，終於在 1845 年製造出第一臺縫紉機。經過公開演示，證明他的發明要比手工操作效率高出五六倍。1867 年，他的這項發明在巴黎展會上贏得金獎。

　　這一時期的縫紉機基本上還是手搖式的。縫紉機何時出現在中國，目前尚無詳考。但根據上海檔案館藏《工部局工商登記記錄》，在清同治、光緒年間，英美商人在上海開設的縫紉機銷售點已有十數家之多了。國人用私人資本也開設了一家美昌縫紉機商店，經銷和修理外國縫紉機。自此可知，縫紉機已經進入了經濟富裕的中國家庭，成為主婦們最為時尚、最實用的閨中妙品。翻譯家王滔曾在自己的日記中，記錄了友人孫次公對於縫紉機的新奇感受。做詩云：

　　鵲口銜絲雙穗開，銅盤乍轉鐵輪迴。

　　纖纖頃刻成千縷，親見針神手製來。

　　到了民國初年，腳踏縫紉機和電動縫紉機也陸續進入了上海服裝店、裁縫鋪和製衣工廠，成了機械化生產的工具。於是出現了一大批女縫紉師，從事製衣生產。不過，彼時使用的都是英美和日本生產的舶來貨。直到1927年，上海協昌縫衣機器公司才開始生產國產的縫紉機。

女模特

　　中國歷史上最早的人體女模特兒，可以追溯到兩千多年前西漢時期。據《漢書》廣川惠王劉越傳記載：劉越的妃子陶望卿，曾經請來畫工為她畫像。畫像時，她「袒裼傅粉其旁」，赤條條地充當模特兒，讓畫師描畫她的身體。可以說這位陶望卿是古代人體女模特兒的鼻祖。

　　近代的人體女模特兒出現於1920年7月20日的上海美專的畫室裏。文載：「校長劉海粟大步走進畫室，一直走到絲絨簾幕前，對坐在畫架後的學生們說：美麗的人體構造是培養人們的審美觀。而世俗的偏見把人體視為洪水猛獸，這種偏見有礙於藝術的發展。今天，藝術女神終於出現在我們的畫室中了。」當他拉開絲絨帷幕的時候，一個少女裸體呈現在大家面前。大家不約而同地起立，向著這美的軀體鞠了三個躬。劉海粟也畢恭畢敬地鞠了一個躬。他對女模特說：「你是中國近代藝術殿堂中的第一個女模特，你書寫了中國藝術史新的篇章。藝術史會記住你，也會記住今天。」從此，人體女模特這一職業

誕生了。但是，由此在社會上引起了軒然大波。《申報》《新聞報》刊登了上海市議員姜懷素呈請當局嚴懲劉海粟的文章。沒過兩天，一幫封建衛道士的打手們高喊著「搗毀妓院學校」的口號闖入學校，把美術教室和教具都砸了個稀巴爛。接著，上海縣長危道豐下令「禁止人體寫生課」。但是，隨著時代的開明與進步，男、女模特這一行在民國初年依然斷斷續續地存在著。一直到 20 世紀 80 年代，才被官方明明白白地肯定下來。

媒婆

野「天上無雲不下雨，地上無媒不成婚」。這是評劇《花為媒》中兩個媒婆唱的戲詞。也是句民間廣泛流傳的俗諺。

生活在封建社會的男男女女，要成婚就離不開媒人。媒人，也就是古代的婚姻介紹人。媒人除了這一稱謂外，還有不少別稱。如紅娘、伐柯、保山、冰人、媒妁、月老種種。唐代元稹作《鶯鶯傳》，寫張生與崔鶯鶯相愛，經侍女紅娘從中撮合，使這對有情人終成眷屬。此後，「紅娘」也成了媒人的別稱。

總之，不論叫什麼，媒人這一行原是很受人尊敬的。媒人收受禮金，婚禮

上還要受到新婚夫婦的禮拜，生兒育女後，還會攀認乾親。說明了媒人的地位和身份。

　　媒人這一行中，從業者男女皆有。但向來是中年婦女為多，因為她們出入人家宅院方便，與做父母的也好溝通。幹這一行的女人一要聰敏練達，通曉人情世故。二是腿腳勤快，不辭辛苦。三要能說會道，條理分明。第四還要有一些經濟頭腦。在雙方過禮下定之類的交割上，能把握公允適度，皆大歡喜。另外，還有一項最重要的，是要有信譽，口碑好，凡經其撮合的婚姻，夫妻和美，兒女盈床。家和業興，姻親益彰。自然會引來更多的生意。如果只為了中間得利而花言巧語，欺騙撮合，她的生意經也就念不下去了。

賣佛珠

　　佛珠，亦稱念珠。是用絲線貫穿一定數目的珠粒，用於佛教信徒在念佛時計數的一種法具。佛珠的起源說法不同，一說是源自古代印度人瓔珞鬘條纏身的風尚。另外一說，出自佛教經典《木槵子經》：「佛告王言，若欲滅煩惱障、報障者，當貫木槵子一百八，以常自隨。若行若坐若臥，恒當至心無分散意，稱佛陀、達摩、僧伽名。乃過一木槵子。如是漸次度木槵子，若十若二十，若百若千。乃至百千萬，若能滿二十萬遍，身心不亂，無諸諂曲者。能滿一百萬遍者，當得斷除百八結業。」到了唐代，在佛教大興的背景下，佛珠開始在朝野上下、僧俗之間普遍流傳起來。寒山拾得有詩云：

　　　　我家本住在寒山，石岩棲息離煩緣。

眠時萬象無痕跡，舒處周流遍大千。

光影騰輝照心地，無有一法當現前。

方知摩尼一顆珠，解用無方處處緣。

長年累月地撚動佛珠，口中默念「阿彌陀佛」，一定會得到佛的保佑。

製作佛珠的材質不同，佛珠的價格差異也就很大。有象牙的、銅鏤的、翡翠的、軟玉的、還有竹木製的。人們最常見的有胡桃殼的、棗核的，有的還進行了雕鏤，好像一串串精製的工藝品。舊時每年初一、十五，各個寺廟的廟門大開，迎接各種朝山拜佛的香客到來。地攤就時常擺著一串串精美的佛珠，供信徒們選購。

賣藝

我古代用兵作戰，士兵執用武器都是經過多年訓練才能上陣殺敵。故刀有刀術，槍有槍技。秦漢三國時期，徒手搏擊或使用各種兵器的武藝，都有不同程度的發展。到了宋代，民間武藝分門別派地發展得很紅火，大多與地方團練有關。也有不少練家，把武藝和氣功、雜技等結合了起來，用到闖江湖、結幫派地用途中去了。還有一些人為了吃飯，把武藝用到表演中去。走村過戶趕圩場，撂地賣起藝來。

賣藝這一行與演雜技、賣武藝的略有不同。他是把雜技、武藝都混在一起，樣樣都行。但樣樣不精。同樣屬於江湖藝人之列。賣武藝的、演雜技的都看不起賣藝的。說他們使的活根本就不算個玩意兒。是未入師門的花拳繡腿。

其實，賣藝的也很不容易。能夠拉場子表演，也有不少絕活。如圖所繪，他們在凳子下邊支碗，站在凳子上下腰，下邊還布置刺喉的長槍、切腹的鋼刀，讓人看了不寒而慄。清李聲振在《百戲竹枝詞》中，稱這一節目為「引腹受鏃」：

　　畫腹為正君莫疑，便便引受了無奇；

　　鏃頭休倚雕弓勁，禮射原來不主皮。

　　這樣的撂地表演，一場下來也就掙上幾十個銅子兒，弄個溫飽而已。趕上颳風下雨，沒有看客，那就沒了生意。行里人自嘲地管之叫做「歇牙」。

賣毛筆

　　相傳蒙恬大將軍的太太是浙江湖州善璉村人氏，名叫卜香蓮。家中養羊為業，她從小就諳熟各種羊的皮毛特性。蒙恬發明的毛筆是在太太的幫助下，反覆試驗才獲得成功的。因此，後人都把蒙恬和他的太太奉為筆祖。善璉村的人世代以製筆為業。村西建蒙公祠，祠中供奉「筆娘娘」。每年三月十六日，當地村民們就要舉行盛大敬神廟會，以紀念蒙恬和卜香蓮的生日。

　　湖州善璉歷代都是全國的製筆中心，並出現了馮應科、張進中、吳升、楊

鼎、沈秀榮、潘又新等製筆名師。明末清初，湖筆外傳，善璉人在各地開設了
一批著名的筆店。如北京的古月軒、賀連清。上海的周虎臣、楊振華和蘇州的
貝松泉、陸益堂等老字號。製筆用的材料也開始豐富起來。兔毛、獺毛、鹿尾、
馬鬃也紛紛入選，使毛筆的擇用更加豐富多彩了。早年間，賣毛筆除了有專門
的鋪面字號，坐店經營之外。一般南紙店、文具店也都有代賣的櫃檯。此外，
還有一種走街串巷賣毛筆的串街小販，自稱湖州善璉人，懷中夾一卷包，走到
書局、學校等文化場所，擇一路側，將布卷打開。卷內分有數個小袋，袋內裝
有各色毛筆。掛在牆上或鋪於地上，向過路行人售賣。

賣花樣

　　舊日，我國南方的城鎮，歷來注重培養女孩子做女紅、紡紗織布。裁衣做
鞋是姑娘們必須學的手藝。否則，要被人譏為「十根指頭一併生」，長大了也
嫁不到好人家。所以，女孩子長到五六歲時，母親或奶奶就要教她給「糞缸娘
娘」做鞋子。把零料布角交給女孩，手把手地教她做鞋子。做的是一隻類似兩
三歲孩子穿的鞋。鞋做好後，繡上花兒，留下一段較長的上底線，掛在一支竹

竿上。插到自家的糞缸邊。插鞋時，還要教她念童謠：「糞缸娘娘獨腳仙，教我姑娘做針線。一針一線密密縫，心靈手巧省銅錢。」

此外，教她們繡花也是一項重要的任務。彼時，女人的上衣、裙子、鞋面、褲邊、帶子上都是滾邊或繡花的。這便催生了一個「賣花樣」行當。

賣花樣的早先都是四十歲以下的中青年婦女，她們走村穿巷賣花樣。操著吳儂軟語，報出一串串的花樣名稱。什麼「鳳穿牡丹」「喜鵲登枝」「蝶戀花」「並蒂蓮」等等。為了展示花樣，她們的衣、褲、裙、鞋上都繡著彩色的花、鳥、蝶、魚，她們肩挎著一隻藍印花布包，裏面放兩三本老皇曆。皇曆中夾著各式各樣的花樣。舊時廟會上也有專門經營此藝的花樣攤。婦女們買來貼在鞋幫上、枕頭上，再按照花樣刺繡。就增去了描花畫樣這道手續了。

賣月份牌

五彩月份牌，畫得實在佳；
角把洋錢價不貴，請君買張帶回家。
回家掛在房間裏，每月好將禮拜記。

礼拜休息可止人不出門，家內夫人必歡喜。

這首《竹枝詞》刊於清宣統元年的《圖畫日報》。可知一百年前就有賣月份牌這一行了。

懸掛式月份牌是日本的發明，將圖畫和西洋曆法相對照的表格同時印在一起，明快醒目為當時一絕。不久，這一形式被引入中國。很為民眾歡迎。民初年根兒前的廟會、集市上，賣月份牌可是一樁有聲有色的大買賣。精裝石印的月份牌上有各種古代故事。《三國演義》《水滸傳》《紅樓夢》《聊齋誌異》《說岳全傳》《七劍十三俠》，還有現代故事《小老媽兒進城》《楊三姐告狀》《啼笑因緣樊家樹》《奸色騙財閻瑞生》，還有各種衣著入時的大美人，各地名勝古蹟西洋景，無不印入圖畫。五彩奪目，極是喜人。

這些月份牌多是大的煙草公司，如英美、頤中、南洋、華成的出品。畫上不僅印著年曆、月曆，還有「大前門」「哈德門」「金鼠」「美麗」等各色香煙廣告。民國初年的月份牌，實際就是香煙公司的宣傳品。

畫廣告

上海是一個國際大都會，華洋雜處、商品雲聚。激烈的市場競爭，廣告市場帶來了無限商機。霓虹燈、廣告招貼、燈箱、月份牌、煙畫，都成了廣告的載體。其形式多樣，品種繁多。市場的需要，也造就了無數的商業美術人才。當時著名的畫家鄭曼陀、胡伯翔、周柏生等無不躋身其中。大型的戶外廣告的繪製，更需要技藝高超的畫師繪製。張聿光就是其中的一位佼佼者。

舊時的化妝品、香水、裘皮、首飾、藥品、香煙、煤油、月餅、奶粉、魚肝油、仁丹、電影、戲劇都爭著做廣告。尤其是英美煙草公司和南洋兄弟煙草公司的香煙廣告，簡直是無處不有，無處不在。見縫插針，鋪天蓋地。有的廣告畫得有上百平方米之大，爭得你死我活。

廣告內容幾乎全被大美人所佔據。廣告畫師們都在這方面下工夫，使脂粉香豔之氣彌漫了上海的大街小巷。直到 20 世紀 30 年代，典型的廣告幾乎都是大美人。周圍是千變萬化的各種商品。就拿可口可樂來說：時人有詩嘲之：

上海畫師真叫強，專畫美人大姑娘。

三尺裝不下一條腿，四丈畫不下兩乳房。

回首一笑百媚生，可口可樂真走俏。

看上一眼買一瓶，可惜兜裏少鈔票。

跑馬

清人葛元煦有一首寫跑馬場的詩：

一騎飛騰數騎催，萬人叢裏顯龍媒。

似因講武開場圍，卻把輸贏鼓舞來。

　　道光三十年（1850）英國商人霍格等五人，在上海英租界內組織跑馬總會。他們在南京東路，河南中路交界，以每畝不足十兩銀子的價格「永租」土地八十一畝，開闢了第一個跑馬場。依靠賽馬賭博聚斂錢財。

　　跑馬總會只負責組織賽馬工作，不供應馬匹，參賽的馬匹由馬主私人豢養。跑馬總會的收入除門票以外，主要還靠賽馬時的博彩抽成。宣統元年以前，每次賽馬都採用掛牌定額分彩的方式。各賭攤的老闆向跑馬廳交納一定數額的保證金後，可以在場內設攤開賭。盈虧由攤主負責，跑馬廳坐收漁利。

　　跑馬廳在賽馬之前發行各種彩票。其中以「香檳」票最為搶手。這種獎票面額低，價格便宜，塊兒八毛一張，當場買，當場開獎。簡單方便，很有吸引力。真有不少人花了很少的錢，卻撞上大運氣，中了大獎，一夜暴富。報紙上一宣揚，人們便趨之若鶩，爭購「香檳」彩票。華人購買這種彩票的很多，自此，看跑馬也好，賭馬也好，就都叫「跑香檳」了。民國初年，每次賽馬時，門票為五元一張。一場售票數千張，再加上各種「香檳」票，每天開獎之後，淨收入就能達到十萬元以上。每當馬場開賽，人頭攢動，萬人踴躍。場裏場外一片呼聲。觀眾及賽場上的奔馬一齊努力。熱烈與歡騰的氣氛彌漫長空。

跑狗

　　民初，上海灘曾流行了一陣子跑狗的博彩活動。所謂跑狗，就是賽狗。由一組格力犬去追逐一個圍繞著橢圓形跑道上奔馳的電兔。以其速度快慢來決定輸贏。賭注可以押在一隻狗或是一組狗的身上。這項博彩是由美國傳到上海的。最早的跑狗場位於亞爾培路的東南角。

　　鑒於博彩贏利可觀，黃金榮、杜月笙與萬國儲蓄會董事長斯彼蒙等共同發起成立「賽狗會股份有限公司」，集資一百六十萬元。又建了一座逸園跑狗場。這個場地佔地面積為一百一十六畝，裝飾十分奢華。內設足球場、拳擊場、摔跤場、舞廳、酒吧、大小餐廳等附屬建築。所用賽狗均為名貴純種格力犬，它們是從海外空運上海。

　　跑狗賭博的方法和押寶類似，在賽狗的起跑點陳列著一隻隻關著賽狗的鐵籠子，每隻籠子外面均標著該狗的名字和號碼。賭客看中了哪條狗，就買某號的狗票。狗票面值有一元、二元、五元之分，其中又有獨贏、雙獨贏。

開賽時，先以一隻電兔繞場。接著六扇狗籠門同時掀起，參賽的狗便如離弦之箭衝出追趕電兔。以最先到達終點的狗為優勝。持有該狗狗票的賭客就成為贏家。狗賽每次都吸引幾千人參加，乍一看，跑狗賭博很公平，誰看得準，就能中彩贏錢。賭客還可通過賭場出版的專門刊登賽狗消息的報紙，來瞭解各條賽狗的歷次賽績、狀況，似乎只要賭客充分掌握了主要賽狗的詳細情況，便能穩操勝券了。其實，要靠其發財，無異於白日做夢一樣。

女護士

護士的英文為 nurse，字意源於拉丁文字根 nutrix，含有「養育、照顧」的意思。因為女性先天具有母愛情結，照顧病人溫柔體貼，細心周到，最為稱職。因此，護士工作多由女性擔任。

世界上第一位真正的護士是英格蘭人南丁格爾。她生於 1820 年，是一個具有堅毅性格和獻身精神的女性，也是一位傳奇式的人物。南丁格爾早年就決意要學護理和當護士，遭到父母的反對。父母要她按上流社會的方式生活。可她卻認為「生活的意義在於為那些陷入痛苦中的人們做更多的事情」。為實

踐這一信念，1850 年她到德國凱撒斯韋爾基督教女執士學校學護理。1853 年
任倫敦患病婦女護理會監督。1854 年克里米亞戰爭爆發後，南丁格爾帶領三
十名護士到前方醫院護理傷員。當時那裡的醫療條件極差，用品匱乏，水源不
足，污垢滿地。致使許多傷員死去。南丁格爾竭盡全力克服困難，帶領護士給
傷員纏繃帶，進食喂藥，為醫院購置必需品，組織人員整頓醫院。修建排水道，
使醫院面目改觀。她深得傷員的愛戴，被稱為「光明天使」。

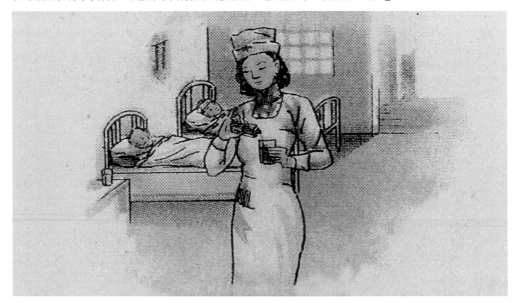

　　戰爭結束不久，她返回英國。當時她的事蹟已在英倫三島家喻戶曉，被
視為英雄。第二次鴉片戰爭之後，西醫傳入中國。醫院需要大批女護士。天津
海關撥銀二萬兩，創辦了中國第一所公辦護士職業學校。首批招收了女青年
二十名入校就學。從此，開創了中國女護士的先河。女護士的工作得到全社會
的廣泛承認和尊重。

牙醫

　　考古工作者發現，古人在大約八九千年前就開始用石製工具來給牙齒鑽
洞醫牙了。科學家們在巴基斯坦的一片古代墓地，曾找到了十一顆鑽孔的牙
齒，這些牙齒來自九具遺骸。都是口腔深處的臼齒。可見鑽洞的目的是為了治
病，絕不是了裝飾。

　　考古工作者還在埃及的法老墓側，發現了三名古代牙醫的墓地。距今已有
四千多年的歷史。可以說，牙醫已是個相當古老的行當。中國古代典籍中並沒

有任何專科牙醫的記載。古代的食物沒有現在這樣豐富，容易造成蛀牙的糖果零食也不多。儘管也沒有牙刷、牙膏等衛生用品，但講究衛生的習慣並不差。人們用茶水漱口，用粗鹽擦牙，也解決了不少問題。得牙病的人可能也不多。牙痛時，中醫也有辦法。用白芷、升麻、石膏配製成的方劑，專治胃熱牙痛、牙齦紅腫、潰爛出血和牙周急性炎症。

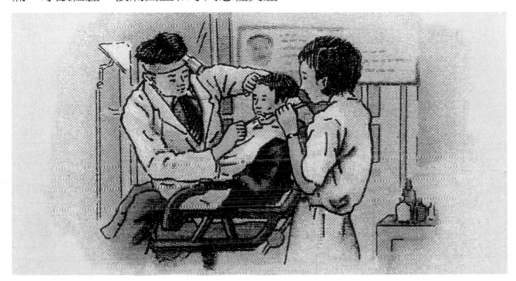

　　說起中國近代牙醫學的創始，那就不能不提到林則先生。林則又名林西然，加拿大人，牙醫學博士。他在清光緒三十四年來到四川成都。他的目標非常明確，就是力圖將現代高等牙醫學教育在中國予以傳播。最初，很多傳教士對此並不熱心。在他為一位傳教士成功地安裝了一副假牙之後，改變了人們的看法。使他在成都仁濟醫院內開辦了牙科。開始了為中國老百姓治牙病的生涯。1914 年，華西協和大學醫科開辦之後，他開始為醫科學生講授牙科課程。為中國培養出首批專業的牙科醫師。

西醫

　　仁濟醫院是上海開埠後開設最早的一家西醫醫院，原名中國醫院。是清道光二十四年（1844），由一個名叫威廉洛克哈脫的傳教士兼醫師受英國基督教倫敦教會的派遣來滬的，他在大東門外開設了這家醫院。後來不斷擴大，在教會支持下，醫院又向外僑募得兩千八百兩白銀，在山東路麥家圈建成一所新醫院，命名仁濟。設有病床六十張，施診捨藥。在醫院工作的醫生、護士都是洋人。直到十年之後，醫院才招收中國人佐理醫務。

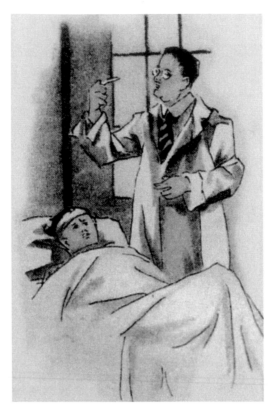

　　據史料記載：我國第一位西醫大夫名叫黃寬，他是廣東中山人，於 1846
年隨英國傳教士布郎赴美留學。後來又考入了英國愛丁堡大學學習醫學。學成
回國在廣州開業行醫。黃寬的實踐活動，在中國西醫史上具有劃時代的意義。
他對西醫在中國的傳播作出了重要貢獻，他是西醫在我國發展的奠基人。

　　由中國人自己興辦的第一座西醫醫院，建立於三十多年後。1879 年 8 月，
李鴻章的夫人莫氏中風，患了半身不遂之症。傳教士馬根濟用西醫的方法治療
愈了她的病。李鴻章目睹了西醫的靈驗，對西醫產生了極大興趣。就積極地支
持建立西醫醫院。自捐白銀四千兩，在原基督教倫敦會醫院基礎上，開始擴建
新醫院。據現存的《紀念施醫養病》碑文記載：該院於光緒四年（1879）動工
興建，次年落成。稱為施醫養病院，又稱總督醫院。開始培養國人的西醫。

女子按摩師

　　按摩是我國古代的一種治病方式，原理是依據經絡學說，通過人工的推
拿，行氣血、調陰陽，使人體各部的功能活動得以保持協調和相對的平衡。從
而達到調理袪病的效果。

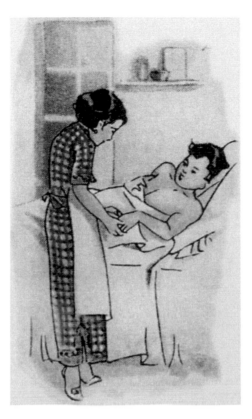

　　《靈樞經》說：「夫十二經脈者，內屬於臟腑，經絡於肢節」「又說：「人之所以生，病之所以成。人之所以治，病之所以起，學之所始，工之所之也。」按摩臨床治療時的辯證歸經、循經取穴、手法補瀉等，無不以經絡理論為依據。我國古代醫者，大多會這種技術。《史記》記載，先秦名醫扁鵲曾用按摩療法，治好了虢國太子的屍厥症。漢代則出現了按摩專著《黃帝按摩經》，在三國時期，名醫華佗開始運用按摩與導引，配合外用藥物的方法，醫治傷寒等病。唐代建立了按摩醫政，《舊唐書職官志》中載有按摩博士之名。

　　後來，按摩術成為盲人的一種職業。盲人按摩師以精通穴道、手法得當為人稱道。剃頭師傅也都掌握按摩技術，並把按摩術納入到他們的業務範圍裏。民國初年，上海按摩院如雨後春筍一般大行其道。女子按摩也赫然登場。並在報上頻繁地刊登廣告，招徠生意。有些按摩女藉以出賣色相來賺取錢物。與客人調笑為主，按摩則放在了次要地位。

女相士

　　有一篇近代小說寫道，「那一年，我在工作上遇到前所未有的低潮，一個

寒冷的冬夜，我迷迷糊糊地走進一家位於地下室的命相館。我還清楚記得，那個紋著兩道濃黑色的、極度誇張的柳葉眉毛，聲音粗啞的女相士。用幾乎是命令式的口吻，叫我從眼前一個盛著米粒的小圓盒中，隨意捏出幾粒米來。她用豔紅的指甲撥動米粒，又隨手畫了一些符號。然後面無表情地說：你不要再寄人籬下了，要自己創業。用不了幾年將會大發。自己獨當一面，不費吹灰之力，財源滾滾。從此平步青雲，走上人生的高峰。」文雖不長，但已詳細地描畫出女相士這一行人的模樣。

我國古代早有「三姑六婆」之說。六婆者，即牙婆、媒婆、師婆、虔婆、藥婆、穩婆。三姑者，即尼姑、道姑和卦姑。所謂「卦姑」，指的就是專門占卦的女相士。女相士與男相士不同，自有優勢。男相士多以《麻衣神相》和《柳莊相法》為必修的經典課本。以相人軀貌、五官、面、髮、額、手、足等。而女相士則以《女相考》《坤元相志》為必修課。早先，這類專著原是在極其小的範圍內由少數御用相士掌握，專門服務於皇帝選秀或貴族嫁娶之用。後來，此二書傳入民間，便成了女相士的工具書。可以用之為更多的女人相面。她們身為女流，出入私人宅邸、婦人閨閣，為太太小姐，閨中女流占卜算命，比男性卜師就方便多了。因此，這一行的生意也十分得意灑脫。民初時期，許多女相士設館開業，業務也很繁忙。

美容師

我國古代的美女很講究美容，而且各有秘方。據說，唐代女皇武則天，八

十歲高齡仍然保持著青春般的容貌，一點兒不顯衰老。《新唐書》上說她「雖春秋高，善自塗澤，雖左右不悟其衰。」武則天所用的美容秘方，後來在唐代官府編寫的《新修本草》上也有收錄。不久，該方流傳到民間，其方法是五月初五采益母草曬乾後，搗成細粉過篩，然後加麵粉和水，調好，捏成雞蛋大問藥團，曬乾，用黃泥做一個爐子，四旁開竅，上下放木炭。把藥團放中間，大火燒上一個時辰，改用文火再燒上一晝夜。取出涼透，細矸過篩，放入乾燥的瓷皿中。用時加上十分之一的滑石粉、百分之一的胭脂調勻研細。沐浴或洗面、洗手時，用藥末擦洗。此方又名「神仙玉女粉」。當然，這只是一個傳說，應驗與否不得而知。

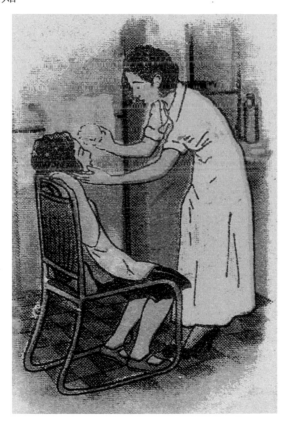

　　在我國的歷史上，儘管美女美男層出不窮，人們也很講究美容化妝。但是社會上並沒有一家專職的美容店來為他們服務。清代末年，上海開埠，西人湧入，租界地裏就有了西人開辦的美容院了隨著社會的進步和中國婦女的解放，上海南京路出現了第一家芳雅美容院。其設施豪華，店中開始使用雪花膏、睫毛膏、香水、口紅、潤膚霜等從西方進口來的化妝品。專為貴婦名媛服務。

賣化妝品

　　我國古代女性的面部護理，多使用秘製塗膏塗抹。藥物漂洗、珠粉搽臉、玉石碾壓等方法。這些方法都是豪富之家的專利，平民百姓是無緣問津的。自從漢代的壽陽公主發明了用花瓣曬乾，碾成細末的「花黃」之後，香粉之類的化妝品才開始走入民間。

　　不過，千百年來，傳統化妝品的種類還相當有限的。無外乎胭脂、珠粉、鉛粉、桃花粉、桂花油，刨花城、指甲油、香脂、眉黛等等。上海開埠後，外國化妝品大量湧入，如法國香水、英國唇膏、意大利的頭油、美國的啫喱水等相繼登場，深得時尚婦女們的喜愛。於是，我國的一些有眼光的商人也開始開發生產比較現代化的化妝品了。老字號當中，上海有個「老妙香」、杭州有個「孔鳳春」、蘇州有個「月中桂」、揚州有個「謝馥香」，它們用傳統的方法生產女性化妝品，與東洋和歐美化妝品抗衡。其中，「雙妹」牌花露水、「月中桂」雪花膏、都是很有影響的產品。但是，儘管如此，彼時民風尚不開化，女人愛用化妝品，卻諱忌拋頭露面。多由先生出面購買。所以市場還是難於打開。民國建元之後，民風一新。婦女解放運動蓬勃發展。女性步入社會已成時尚。化妝品的需用量也就與日俱增。國內廠家紛紛開發生產。然品質良莠不齊，大量假劣次品湧入市場。一開始因價格便宜，也能銷售一時。但終因質量不好，最終淪為街頭產品了身著西裝的化妝品推銷員，用喇叭沿街叫賣，也能招來一幫希圖便宜的顧客。

拋腳

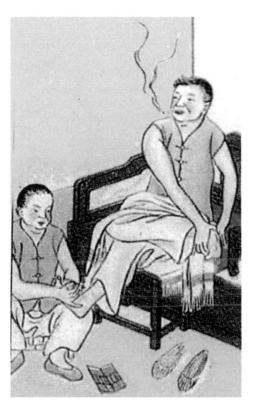

宣統元年的《圖畫日報》上有這樣一首《竹枝詞》寫道：

拋腳、拋腳，矮凳一隻，

見官見府，公然坐著。

末等行業，頭等闊綽。

老繭雞眼細細拋，

腳凹臭氣何曾覺。

人靠兩隻腳走路，兩隻腳容易出毛病。得腳氣的也比較普遍。腳氣奇癢難忍，沐浴洗腳搔癢之更甚。還有一些人生灰指甲，腳底老皮生繭，自己無法修剪。經拋腳師傅拋腳，拿捏、按摩、敲打，肌肉一放鬆，血流順暢，全身上下都感到輕鬆通泰。技術高明的拋腳師傅就好似一名專業醫生，可以專治腳病。

拋腳是南方的說法，北方則稱修腳。有關拋腳的故事，有典可考的是明代野史說：大奸臣嚴世藩患有足疾，每日都要拋腳。拋腳時還愛看淫書消遣。他的仇家蘭陵笑笑生（有研究認為係王弇州），為此特意撰寫了一部《金瓶

梅詞話》進上。私下裏他買通了挖腳師傅，在嚴世藩專心翻看《金瓶梅》的時候，借挖腳之機，將毒藥敷入足內，害他性命。至於此計是否實施了，尚無確考。

挖腳這一行人早有文字記錄，俗話說「揚州師傅三把刀，廚刀、理髮、修腳刀」。其中，修腳刀就有十八把之多。有修指甲的、有做老繭的、有專挑雞眼的、專刀專用，從不混同。操此業者多與澡堂子簽有合同，專門在澡堂子裏幹活，給洗完澡的客人修腳。他們與澡堂子二八分賬，修腳師傅得八。

揀煙頭

根據美國煙草史專家理查德，克魯格先生的考據：在紙煙發明之前，美國人吸食煙草多採用嘴嚼的方式進行。這種方式又髒又土，很不雅觀。美墨戰爭期間（1846～1848），出現了用紙卷煙草吸食的方式。它是美國士兵在戰壕裏休息時的一種發明。用這種方法吸煙，既衛生又方便，著實吸引不少士兵們前來仿傚。並且給予熱心推廣。於是，用紙卷吸煙的方法就漸漸廣泛地流傳了起來。

這一新的需求，啟發了在北卡羅萊納州首府羅利開設煙廠的約翰，格林

先生。他在生產煙絲的同時，開始生產一種「自卷自抽」的白杆捲煙。由散裝變成束售買，一上市就有了一定的銷路。就這樣紙製香煙正式誕生了。

　　光緒年間紙卷香煙傳入中國，因為它攜帶方便，吸用方便，所以普及得相當迅速。往日的旱煙、水煙、鼻煙都很快被紙煙取代。時人有《竹枝詞》云：

　　　　貧富人人抽紙煙，每天至少幾銅錢；

　　　　蘭花潮味香無比，冷落當年萬寶全。

　　都會中煙民眾多，他們站著、走著、說著、笑著，消耗著一支又一支的香煙。街頭巷尾、廟會集市，處處都能見到人們抽剩卜隨意丟掉的煙頭。於是，拾煙頭這一行就出現了。幹這一行的都是城市貧民，他們拾得煙頭或自用，或抽出煙絲廉價售賣，贏些薄利。

消防隊

　　消防隊的主要工作是滅火、防火、減災。該機構在我國有著非常悠久的歷史。據史料記載：我國早在北宋時期就已有專職消防隊，稱為「軍巡鋪」。

　　北宋京都汴京是全國最為繁華熱鬧的地方，房屋稠密，人口眾多，商鋪林立，極易發生火災。一旦起火，蔓延難滅，損失甚為慘重。為能及時發現火情、撲滅火災，朝廷在京都建立了專職的軍鋪。孟元老《東京夢華錄》記載：「每坊巷三百步許，有軍巡鋪屋一所。軍巡鋪有官屋數間，屯駐軍兵百餘人，並備有眾多的消防器具。如大小水桶。麻搭、灑子、斧鋸、火叉、火索、鐵錨兒之類。又於高處磚砌望火樓，樓上有人瞭望遙。望火樓上有五名兵丁，居高臨

下，晝夜四望。」一旦發現某處失火，立即報告鋪中駐軍，鋪兵隨帶消防器具迅疾趕赴失火處救火。同時，軍巡鋪還「有馬車奔報馬步軍殿前三衙、開封府。」於是，各軍出動奔赴現場，並力撲火。

　　隨著上海的開埠，租界率先引入西方的消防經驗和技術，於 1866 年，工部局成立了由火政處直轄的上海第一隻救火隊。時稱「救火會」。救火設備全部從英國進口，人員編制也較科學。是我國第一個組織完善的現代消防機構。由於火油的廣泛使用，租界內商家、民宅的火災頻頻發生。救火隊窮於應對，功勞顯著。於是在上海各區又陸續成立了四個救火隊。每年公董局撥款一千兩銀子，用於這方面的開支。從此，消防體制日趨成熟，救火隊員增加二百餘人。

野雞

　　唐伯虎有《嘲妓詩》一首寫道：
　　　　倚樓何事笑嘻嘻？笑你寒儒穿布衣。
　　　　錦繡空包驢馬骨，那人騎過這人騎。
　　文中含意雖然另有所指，但字面之意著實充滿了對妓女的輕賤和鄙視。

　　大清開國之初，為了整肅吏治，取締了歷代相傳的官妓、營妓。而民營的娼僚多擠在了大城市的商業區。《春申浦竹枝詞》寫有滬上妓女出局時熱鬧張揚的情景：

　　　　肩輿出局快非常，大腳娘姨貼轎旁。

　　　　燕瘦環肥渾不辨，遙聞一陣麝蘭香。

　　彼時，妓院分為很多檔次，最高級的是堂院、書寓。次一等的，如輕吟班、長三堂子。再次之為茶室、么二。三等的為下處。末等的就是老媽堂、花煙間、釘棚。最最下等的妓女稱為野雞。野雞僚寨，蓬門破炕，兩三大枚就可淫樂一番。這些下等妓女，要麼有病，要麼染有嗜好，要麼人老珠黃，顏色盡失。她們在屋中攬不到生意，就倚門賣笑或跑到大街上去拉客。

太極拳

　　太極拳運動起源很早，據揚州金一明著《三十二勢長拳》中說：「武當脫胎於少林，少林得法於禽經。」三國時期的名醫華佗，曾模仿熊、虎、猿、鹿、鳥五種禽獸的動作，結合民間流傳的保健運動，創編出了《五禽戲》。自此，

華佗模被尊稱為拳術開山始祖。後來，又經過明代的張三豐發展為長拳、十三勢，又經王宗岳根據《周易》陰陽動靜的道理，和拳式特點，運動作勢，任其自然，可有中化無、無中生有，故名其為太極拳。

太極拳雖然在套路、推手架式、氣動功力等方面各派有異，但都具有疏經活絡、調和氣血、營養腑髒、強筋壯骨的功效。數百年來代代有傳人，綿延不絕，名手輩出，流派紛呈，大體分為陳、楊、武、吳、孫等派。

在民國初年，陳氏的「老架」太極最為武林人氏推崇。在霍元甲創辦的精武會中，陳氏太極封為至尊。相傳明洪武年間，山西澤州人陳卜在總結了許多拳術套路的基礎上，創造了太極拳。其十四世的陳長興，在祖傳太極拳的基礎上再樹里程碑，將一至五路太極拳由博歸約，精練歸納，而成為陳氏「老架」太極。而且，他打破了門規限制，拳傳外姓，收河北廣平府楊福魁為徒。楊福魁藝成回鄉後，教拳於北京，又將師傳的「老架」太極拳中的高難度動作逐步捨棄，修改定型，成為目前流行的楊氏太極拳。

旱冰

跑冰，原本不是什麼新鮮事，清代宮中向來封有「冰戶」，常年吃奉祿，到了冬天專門在什剎海「跑冰」，供皇室娛樂。彼時，民間的跑冰活動也十分熱鬧。清何耳在《燕臺竹枝詞》中寫道：

玉虹一道谷紋平，過處皆聞細碎聲；

短綆獨牽停不往，往來宛在鏡中行。

冰嬉亦稱「冰戲」，是古代人冰上活動的一種泛稱。這種活動早在宋代北方的民間就很普遍，項目與宮廷冰戲大體相同，有可以乘坐的冰床，有冰上執球與踢球，還有跑冰，就是穿有鐵齒的鞋，溜行冰上，爭先奪標取勝。此外還有花樣溜冰、冰上雜戲。冰嬉在清朝時作為皇家冬季的消遣，十分盛行。每年清宮都要舉行盛大的冰嬉。其中還有舞龍、舞獅、跑旱船等節目。單人和雙人表演的形式很多，有金雞獨立、蜻蜓點水、紫燕穿波、鳳凰展翅、哪吒探海、雙燕飛、朝天蹬等等，頗受朝野歡迎。

民國初年，上海南京路上的永安公司為招攬顧客，與先施公司競爭，增建了一座中國最早的旱冰場——永安跑冰場。自開張之日起，愛好運動的青年男女腳下蹬著四個輪子，在光滑的地面上飛跑。時尚的少爺、小姐、學生、花季少年們，在場上或若穿雲飛燕、天馬行空；或如蓮步寸移、如履薄冰，稍不留神，就會跌個人仰馬翻。一陣陣嬉笑歡悅之聲，此起彼伏，迴蕩夜空。夜色雖沉，華燈綻放，跑冰場裏依然五彩斑斕，笑語生風。

打檯球

檯球是在上個世紀初，由英國駐華公使館傳入中國的。先是作為職員工餘的消遣之物，30年代，斯諾克檯球盛行這項運動也就隨之普及起來。

北京最早的一間檯球房，建在東交民巷臺基廠路東的「國際俱樂部」裏。

只供外交人員消遣，普通的外國人和中國人還是不准進入。而俱樂部內雇傭的服務員、勤雜人員都是中國人。在當時，能與檯球直接接觸的人都叫球童，球童也是很獨特的一行。

1912 年，北平市內首先開設民間營業性質的檯球房，是在城南遊藝園、新世界和中央公園三處。由於愛好這項活動的人不斷增多，但是，其中有巨利可圖，一些商界的人士紛紛投資，在東、西、南城各選地點一處，也開設起球房、球社來了。

從此，檯球運動便開始在大中院校普及開來。1938 年北平市舉行了首屆檯球大賽，很多技術高超的球手參加比賽。經過激烈的爭奪，北京匯文中學學生張侃榮獲冠軍。

乒乓球

十九世紀，英國的貴族們用一種蒙著羊皮的長柄球拍，玩一種桌上的網球遊戲。因為空心球和球桌、球拍相撞發出「乒乒乓乓」的聲響，乒乓球就此得名。當然，那時的乒乓球只是有錢人消遣的東西。

二十世紀初，乒乓球傳入日本，由日本人把它完善起來，制訂出種種比賽規則，並在學校廣泛推廣，成為青少年的一種健身運動。

上海有名的四馬路商鋪林立，路邊有一家名為王記文具店的小商店，專門經營學生用品。王老闆很會做生意，有一次他到日本旅行，看到了孩子們在打乒乓球。他當即認定，乒乓球是一種很新鮮、很有前途的體育娛樂方式。於

是，他就買回了乒乓球的球臺和一批球拍子、乒乓球。他把這些東西擺在店內，用以招攬顧客。但是，顧客們並不知道它的玩法，王老闆就親自揮拍上陣，打球示範。

當年王老闆使用的球拍，樣子還很老派。但他的認真推廣，還真取得了積極的成效。上海一家教會中學率先購買了這些器具，在體育課上教學生們打起乒乓球來，這是中國乒乓球運動開展之始。因為它簡單易學，很快在學生間普及開來。

直到 1926 年，第一屆世界乒乓球錦標賽在倫敦舉行，世界乒乓大賽才由此拉開帷幕。

踢足球

足球運動在我國出現得很早，《戰國策·齊策》記載：「臨菑甚富而實，其民無不吹竽、鼓瑟、鬥雞、蹋鞠者。」蹋鞠就是用腳踢球。到了宋朝，民間出現了許多足球藝人，並組有齊雲社等足球組織。當朝首相高俅，就是一名出色的足球運動員。

　　上世紀二十年代的中國，曾掀起了一股勢不可當的足球旋風，從 1915 年到 1934 年，19 年間中國隊在遠東運動會連獲九屆足球冠軍，蟬聯七次冠軍，連敗日本、新加坡、馬來西亞諸足球強國，號稱「遠東無敵手」。國人對足球的喜愛，也已經到了瘋狂的地步。「看戲要看梅蘭芳，看球要看李惠堂」，是當時家喻戶曉的口頭語。

　　李惠堂是中國早期足球界的大明星，他十七歲成名，到四十二歲掛靴，每場比賽都有進賬，二十五年來，一共進球 1860 多個，足跡遍及歐、亞、澳三大洲。李惠堂在抗日戰爭期間，在祖國生死存亡的危難關頭，他用球技和球德維護了民族尊嚴，因之獲得了全國人民的愛戴。

　　李惠堂的球藝嫻熟刁鑽，進攻時神鬼莫測，出神入化。他有兩大絕招，一是喜歡在離球門三四十碼的遠處發炮勁射，即準又刁，百發百中；另一絕招是倒地臥射，球如利箭穿楊，一箭必定江山。三十年代，他就以赫赫戰功，贏得了「亞洲球王」的榮譽。1948 年，他移居香港，隱姓埋名經商去了。

高爾夫

「高爾夫」是荷蘭文 kolf 的音譯，意思是「在綠地和新鮮氧氣中的美好生活」。可知，高爾夫球是一種在優美環境中進行的高尚娛樂活動。因為玩這種遊戲設備昂貴，所以人們都叫它「貴族球」。

高爾夫球場一般設在風景優美的草坪上，中間需要有一些沙地、樹木、灌叢、水坑、小溪等障礙。球場的形狀沒有統一的標準，面積則為三千到六千平方米。球洞直徑 10 釐米，深約 10.5 釐米。比賽時，運動員在開球區依次用球棍擊出各自的球，然後走到球的落點處，繼續擊球，直到把球擊入洞內為止。誰用最少的次數把球擊入所有球洞，他就獲得勝利。

中國的第一家球場是英國人於 1896 年在上海建成的，地處上海動物園舊址，是一個九洞的高爾夫球場。最初，這個球場只供駐滬的各國外交人員使用。民國後，開始對華人中的上層人物開放，平民自然無從問津。因為涉足人少，使得高爾夫成為一項十分神秘的運動。時人有詩嘲之：

　　清幽靜謐似農莊，不聞雞鳴與犬注；

　　手執一杖如散步，偶一擊拋飛大荒。

游泳

我國古代，游泳歷來是男人的事情，如水滸中的「浪裏白條」張順、阮氏兄弟等。對女人游泳的描寫，只有《鏡花緣》中的廉錦楓。她為了給母親看病，每日潛入海底採珠。此外就是「水母娘娘」一類的神話了。可在上世紀三十年代，我國泳壇上殺出一位金光耀眼的女明星，她的名子叫楊秀瓊。她是舊中國最出色的女游泳運動員，人稱「東方美人魚」。

楊秀瓊生於 1918 年，係廣東東莞人。在中華民國第五屆全國運動會期間，她一人包攬女子游泳的全部五項金牌，並且全是破紀錄的成績，創造了空前絕後的神話，因之一舉成名。1934 年 5 月，楊秀瓊代表中國參加第十屆遠東運動會，她擊敗日本、菲律賓等選手，獨攬四項冠軍，震撼了亞洲泳壇。

在 1936 年第十一屆世界奧運會上，楊秀瓊是游泳賽場中唯一的中國女選手。預賽中，她改寫了 100 米和 400 米自由泳的全國紀錄。在絕大多數中國婦女還在為解放小腳而掙扎的年代裏，楊秀瓊的運動生涯為中國女性解放事業吹奏出最為響亮的號角。但是，她個人的歸宿並沒有跳出封建窠臼。

她從奧運會載譽歸來以後，在四川軍閥范紹曾的脅迫誘惑下，楊秀瓊竟然做了他的第十八位姨太太，年僅十九歲就結束了輝煌的運動生涯，告別泳壇，做了金屋之嬌。抗戰勝利後，楊秀瓊出國定居於加拿大溫哥華。1982 年 10 月 10 日，時年六十四歲的一代「泳后」黯然病逝。

女飛行員

翻開中國的近代航空史，我國女飛行員層出不窮。據不完全統計，舊中國通過各種渠道培養的女飛行員約有二十多人。這些女飛行員都是在歐美等國學習過的海外華僑，她們的勇敢和聰敏，為中國贏得了無上榮光。

早在清宣統元年（1909）9 月 21 日，廣東恩平女傑馮如女士就曾駕駛自製飛機試飛成功，從此掀開了我國女性飛行的序幕。另一位傑出的女飛行員，名叫王燦芝（1901～1967），她是秋瑾烈士的女兒，赴美留學攻讀飛機駕駛和飛機工程，工作後，一直從事飛機的開發和研製，被美國人稱為「東方女飛將」。

其後，還出現了一對傑出的「飛行姊妹花」，一位名叫李霞卿，生於 1912 年，廣東番禺人；另一位叫鄭漢英，生於 1915 年，是廣東寶安人。她們都出生於富有之家，自幼在外國受到良好的教育。在抗日戰爭最艱苦的時候，她們毅然飛回祖國，全身心地投入到抗日戰爭中去了。李霞卿被中國政府派到美國從事抗日的宣傳工作，她四處講演，揭露日寇侵華的滔天罪行，宣傳中國軍民

抗日的正義和忠勇。她的足跡遍及美國各大州，主持集會，徵集募捐，支持中國抗戰。鄭漢英則於 1940 年被派往加拿大，出任中國外交部代表，成為加拿大第一個持有國際飛行執照的女飛行員。

　　女子駕駛飛機在當時是極為罕見的，加上她們的人格魅力和勇敢，深深地打動了外國的無數聽眾。從而募得大量資金，有力地支持了國內的抗戰鬥爭。她們的奔走，為中國抗戰史寫下了光燦的篇章。

市井江湖

踏滾球

　　　足踏滾球轉如風，操場之上有威風；
　　　太陽光照高飛雁，我比飛雁體更輕；
　　　地球踏在我腳下，欲乘朝霞上太空；
　　　誰上九天攬日月，新時代的新兒童。

這是一首民國初年的校園歌曲，刊登在當年北京育才中學《校刊》上。說起這首歌的來歷，還真的有些故事。20 年代，世界級的大畫家畢加索已名聲大噪，他畫有一張名畫叫《平衡》。畫上是一個健壯的男子坐在一個大球上，一個身材纖弱的少女立在一個小球上，扭動著身軀在找平衡。這幅畫在當年頗有影響。有一位德國學者以此大肆鼓吹《平衡健身法律》，並在校園中積極推廣，一時釀成風氣。「踏滾球」成了時尚的健身運動之一。

不久，此法傳入中國。先在西人辦的教會學校裏推廣，學生的體操課裏還開設了踩球課。體育教研室購進了成批的橡皮氣球和木滾球，專供學生們練習使用。一時間「踏滾球」之風風靡了各個中學。孩子們聰敏矯健，還真出了不少踩球高手。在當年的中學運動會上，經常有踏滾球比賽。

另據戲劇史學者吳曉鈴先生說：30 年代踏球之熱也傳到了京劇舞臺上。當時有一位唱青衣的女演員在登臺演出時，便是以踏球之技為宣傳號召，也曾紅火一時。她飾演《三娘教子》《武家坡》等青衣戲，羅裙之內的足下踏有兩隻小木球，頗有「水上漂」的意思，頗受一些觀眾的吹捧。

竹頭泳水

　　1918 年，日本的佐籐木三雜技團一行二十二人，到中國進行商業演出。他們從瀋陽一路南行進入北京。他們帶來了許多新鮮的節目。如燈光幻術、空中飛人、蛇身人首、炮打真人等等，在娛樂圈中造成不小的轟動。人們莫不爭睹為快，票價從三毛一直漲至八毛、一塊，竟然與名伶楊小樓同一價錢，人們仍然爭先恐後搶著觀看。

　　竹頭泳水原本是他們所演的節目之一，一位「托底」的大漢，手持一根碗口粗、一丈長的竹竿。上得臺來，唧哩呱啦地講了一陣日語，就把竹竿舉上了肩頭。這時又來了一個小孩，極為敏捷地攀上大漢的肩頭，接著又攀到竹竿的竿頂。稍停片刻，開始在竿頂拿頂、下腰，做出種種動作。其中，最為精彩的是用竹竿頂住肚皮，雙手雙腳俱懸空，做游泳劃水的動作。小孩的身子在上邊故意晃來晃去，竹竿也隨之晃來晃去，每有欲墜之感。觀眾大聲驚呼。但是在托底大漢的控制下，竹竿非但不倒，而且隨著大漢走動，平平穩穩地繞場一周。每演至此，臺下歡聲雷動。接著大漢的肩頭又換成一個竹梯。須臾，有女童上梯也做出各式各樣的驚險動作，觀眾莫不撫掌，贊其技藝之精。後來，國

內的一些雜技藝人也紛紛排練這一節目。清刊《竹枝詞》寫一個外號叫「小荸薺」的小藝人，也可以在梯子中間穿扶梯、翻筋斗，驚險絕倫。詩中寫道：「小荸薺，穿扶梯，梯中翻身筋斗齊。愈翻愈上梯不墜，搖搖竟把梯頂齊。」

耍狗熊

《雲笈七籤》記有「華佗語弟子吳普曰，熊戲者，正仰以兩手抱膝，下舉頭，左闢地七，右亦七，蹲地以手左右托地」等語。說的就是「耍狗熊」。

人們一說起熊，就會把它同獅子、老虎、豹等聯繫到一起。認為它是個體大兇殘的食肉動物。令人見之生畏。其實，狗熊很少主動襲擊人，甚至從來也不攻擊人。熊的品種可分為棕熊、黑熊、馬熊、北極熊、懶熊等。黑熊俗稱狗熊，身上除胸部有白斑紋外，全身是黑色。它能直立行走，搖搖晃晃地像個大毛人。這種熊較通人性，最容易馴養。舊社會江湖藝人耍的狗熊，就用這種黑熊。其面目看似兇猛，可性情很溫和的，只要給它東西吃，叫他幹什麼都行。馴熊人常用餓飯的手段來訓練它，使其會開枷解鎖、翻跟斗、拿倒立，還會和著鑼鼓扭秧歌、跳舞等。有的狗熊還會在肩上擔一扁擔，挑兩個水桶，晃來晃

去，十分有趣。表演起來，顯得滑稽可笑，從而贏得觀眾們的歡愉。尤其小朋友們更愛看這種「狗熊把戲」。

舊時，人們經常會看到耍熊人牽著一隻黑熊，在市鎮街頭拉開場子、敲鑼表演。一大幫看客把場子圍得水泄不通，狗熊在表演時，四周一片轟動。但是一到收錢的時候，人群嘩啦一散，只剩下狗熊、藝人和空蕩蕩的場子，顯得十分無奈與淒涼。

鉛絲大頂

所謂「鉛絲大頂」就是藝人在拉得筆直的鉛絲上，懸空拿頂、翻跟斗，做出各樣驚險動作。甚至如圖所繪，在兩條鉛絲上，雙手各拿兩支木棍撐起身子拿倒立。

離地有一丈多高，觀者無不為之屏息捏汗。民初，鉛絲大頂是雜技團中一個十分叫座的節目。據當年《北平日報》的一篇報導講：「拿頂或持械拿頂，是我國傳統的雜技節目，屢見不鮮。但是，在顫顫巍巍的鉛絲上持械拿頂的確罕見。」

我國古代雜技中沒有鉛絲一物，但在繩上表演各種技藝早已有之。此技由西域傳入。《窯樂志》裏便有舍利玩繩技的記載。唐代詩人劉克莊有一首詩名為《繩技》寫道：

公卿黠似雙環女，權位危於百尺竿。

身在半天貪進步，腳離實地駭傍觀。

愈悲登華高難下，載卻尋橦險不安。

誰與貴人銘誶右，等閒記取退朝看。

這首詩描寫了唐代雜技中的繩技，在繩子上行進、舞蹈、翻筋斗、拿大頂也是不可少的節目。近代有了鋼絲，兩端在空中扯直，自然更見驚險。記者遊方先生在20年代的北京天橋，曾採訪過一位來自吳橋善於表演此技的小藝人王三順。三順從小學習繩技，十幾年來，練功習藝無一日中輟。每日幾於都生活在鉛絲上，吃飯、小憩從不下繩。三年工夫，走鉛絲如履平地。他還可以用布帶蒙蔽雙眼，盲目進退，從來沒有一次失手。

抖空竹

　　抖空竹是舊日兒童們經常玩的一種遊戲。用兩根短棒兒連著的線，把一空竹抖得上下飛舞，並發出「嗡嗡」的響聲。抖空竹的人用雙手提、拉、抖、盤、拋、接，下肢做著走、跳、繞、騙、落、蹬等動作。雙眼追著空竹，腰部隨頭做著俯仰、轉提，使人和旋轉著的空竹融為一體。伴隨著空竹的鳴叫聲，給玩者和看者都帶來無窮的歡樂。新年時節抖空竹是舊日的一種時尚。製作空竹售賣，也是一門很紅火的生意。

　　空竹是以竹木為材料製成，因中間是空的，而得其名，也稱響葫蘆或扯鈴。

　　空竹分為單輪和雙輪兩種。雙輪空竹比單輪空竹容易操作。圓盤四周的哨口以一個大哨口為低音孔，若干小哨口為高音孔，以各圓盤哨口的數量而分為雙響、四響、六響、八響和三十六響。拽拉抖動時，各哨同時發音，高亢雄渾，響徹雲霄。據劉侗《帝京景物略》講，明代製作空竹已是一門行業。「空鐘者剜木中空，旁口，湯以瀝青。別一繩繞其柄一勒，空鐘轟而疾轉。大者聲鐘，空竹也」。抖空竹是很講技術的。清季有竹枝詞寫道：

> 莫說扯鈴小頑意，偏會欺人真慪氣。
>
> 扯慣主人響不停，不會扯者帶跌地。
>
> 此鈴之製自天津，截竹為筒四面開風門。
>
> 憑君掩耳難偷盜，四面風生緊煞人。

　　《天橋叢談》一書中，寫了一個光緒年間叫德子的人，他抖起空竹來令人口怔目眩。現在所興的一些抖空竹的技術，都是德子的發明。

走鋼絲

　　1921 年 10 月 21 日上海出了一件十分轟動的新聞，那就是來滬獻藝的安徽花家雜技班的主演花四鳳小姐，要從大世界的頂樓拉出來的鋼絲上，穿過馬路，走到對面的恒昌裘皮店的頂樓。消息傳出，人們趨之若鶩，一清早就把這一帶的馬路擠得水泄不通。附近樓臺能站人的地方都擠滿了看熱鬧的人群。待到中午十一點的時候，四鳳小姐盛裝登場，她薄施粉黛，身著粉色衣裙，紗巾束腰，手擎一柄大紅色的洋傘，在一遍歡呼聲中，嫋嫋婷婷地走上了長長的鋼絲。從容自信地邁出了第一步。復旦大學的追星族們，自動組織了「護花隊」在鋼絲底下，扯起一塊灑滿鮮花的大帆布，生怕花小姐失足墜下。但實踐證明他們是有些多慮了。只用了十二分鐘，花小姐便完成了這一壯舉。第二天《新聞報》副刊上登了一首署名護花史者寫的《獻給四鳳小姐》自由詩：

伊像一隻燕子飛上了天空，

伊又像一隻彩鳳飆上蒼穹。

伊是一隻蝴蝶，伊是一隻蜻蜓。

白雲遮頭頂，足下有清風。

　　踩繩之戲來源甚遠。《晉書窯樂志》便記有：後漢天子受朝賀，舍利從西來，「陳戲於殿前，以大絲繩繫兩柱頭，相去數丈。兩倡女對舞，行於繩上」。

吃火吐火

　　「吃火吐火」是舊日民間雜技藝人時常撂地表演的一種技藝。他們在表演時，用火點著黃表紙，一張一張地送進嘴裏，帶火吃了。再將一把黃表紙揉成團，中間挖一個小洞，放在口中含著。然後，拿起一把扇子，煞有介事地扇耳朵、扇脖子，隨著兩腮一鼓一鼓地動著，就從口中紙洞口冒出一股股煙來。繼而就噴出了火苗，不一會兒火花飛濺，呼呼有聲，這就是「吃火吐火」，這種民間的小魔術不知傳承了多少年。它給表演者帶來微薄的收入，也給老百姓帶來了不少歡樂。清李聲振《百戲竹枝詞》有《吞火》一詩寫道：

三昧銷炎舌本涼，胸中冰岩兩無妨；

人生火食原常事，不獨伊家具熱腸。

「吃火吐火」這類節目，最早見於漢代百戲當中。天文學家張衡的文章中已有「吞刀吐火、雲霧杳冥」之說。唐代的王棨還有一篇《吞刀吐火賦》都證明了這一節目溯源的悠久。近代的一些集鎮娛樂場所，仍可以見到民間藝人們的表演。但這個節目多由變戲法的人兼演。因為這個節目太簡單，不足以此獨立謀生。表演的時候，明著是把已經燃燒的紙納入口中，其實，此紙到口即滅，而是暗中將紙卷夾小火球附入。用力往外一吹，火球漸漸燃著，火星煙質，隨氣而出。紙卷外面仍未燃燒，故於口舌無傷。後來，這種技藝被使用到戲曲舞臺上，用以表現神力、火焰、煙雲等各種氣勢，稱之為「火彩」。京劇也繼承了這一技巧，成為一項寶貴的文化遺產。

吞寶劍

1878 年，法國巴黎舉行世界博覽會，清政府也組織了一行有特色的奇人絕技渡洋參加，以揚國威。文獻記載：其中有中國的商人、廚役、樂工、木工、

畫匠，一共三十人與會。他們在展覽會場內，布置起了一座「幔亭」茶館，展示中國茶藝。布置了一座「紫氣軒」飯館，向西人展示中國的廚藝。還布置了一間畫室，名叫「鏤月軒」，陳列文房四寶和中國書畫。此外，還在展廳中間搭了個小舞臺。由一班中國藝人彈唱八角鼓，更有意思的是，彈唱完畢，上來一個男兒，光著膀子當眾表演「吞寶劍」，一柄二尺來長的寶劍，一揚脖子，從口中吞入肚內。看得外國人目瞪口呆。此事載於歐‧亨利撰寫的《中國趣事》一書。嚴格地說「吞寶劍」是一種魔術戲法兒，藝人所用的寶劍都不長，約一尺三寸，與劍柄長短近似，劍與劍柄都是活動的。劍柄中空，藝人仰首吞劍時，大部分劍鋒會退入劍柄中。觀者不知門道，往往被其所騙。李聲振在《百戲竹枝詞》中寫道：

> 亡命居然彈鋏遊，還能飲刀向咽喉；
> 中藏戈戟人間有，莫道胸能吐斗牛。

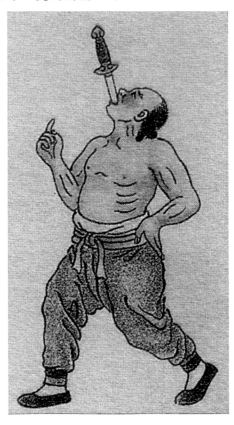

張次溪先生寫有《吞劍吞球》一文，刊於上世紀 40 年代的《立言畫刊》，他說：「吞者，用一鐵質寶劍，劍身比巨闕雖短，比魚腸略長，大約在二尺有

零，光潤無鏽。吞時仰面直項，劍由口入，唇外僅露其柄。演者在這個時候要錢，張口向天，不能言語，做手勢以向觀客乞憐。觀客見其情形紛紛投贈。」

籮圈典當

　　「籮圈典當」這個詞原本指的是典當業門前懸掛的幌子。這種幌子很個別，是一個直徑約一尺的籮圈，外邊塗著紅漆，上下邊框兒都刷成綠色，高高地懸掛在當鋪的門前。籮圈下擺貼滿多半個圈兒紅布條，被風一吹，籮圈轉著圈地來回晃蕩，紅布條時卷時揚，格外顯眼。不論什麼人老遠一看就知道那是個當鋪。

　　據說，這種幌子是從遼代傳下來的，彼時各寺廟開設質庫、長生庫，辦理抵押典當業務，還真是個皇家特許的買賣。到了清代，大城市裏的當鋪都改成了金字木匾，而小地方的當鋪還保留著籮圈幌子。

　　民國以後，變戲法的藝人把這句俗語借用到了戲法的名目上去了。變戲法分新、舊兩種，皆屬什錦雜耍之類。新戲法內包括魔術、幻術、催眠術等類。舊戲法則分文、武兩種。文戲法講究玩手彩，名為「托活」，練時尤為不易。如撕紙條、拈豆兒、單解雙解、棒打金錢、仙人脫衣、空中取酒，都是刻

苦練就的一種技術。至於身上所帶的十三太保、四海升平、十二連橋、跟頭月子、皆是看捆綁的利落和摘解的乾淨，沒有力氣不能辦，非純巧脆快不辦，其中「跟頭月子」，即懷揣大碗翻跟頭，變出「帶水的魚缸」「帶火的火盆」，沒有真工夫是絕對不行的。

籮圈典當是變傳統戲法的一種開場。變戲法的立在桌子後邊，桌子上放著兩隻籮圈，他把一些首飾、當票之類的對象放在左邊，用籮圈扣上。又把一個青花瓷壇放在右邊，用另一個籮圈也把它扣好。然後，開始來回倒換籮圈，最後把當票、首飾和青花瓷壇全都給變沒了，只剩下兩隻空空的籮圈。

頂板凳

傳統京劇中有一《背凳》，也叫《頂板凳》。講的是一個名叫不掌舵的男人，平素最怕老婆。一日，他在廟會上遇到一個算卦的，教給他三綱五常，可以不再怕老婆。他老婆知道以後，就逼他去要回算卦的錢。錢沒要成，老婆一怒就罰他用頭頂板凳跪著。全劇沒有一句唱，全看演員表演，純屬鬧劇。川劇、徽劇、秦腔、梆子都有這齣戲。

　　馬戲團的小丑也常表演頂板凳的節目。一會兒用頭頂，一會又用腦門兒頂，時而改用鼻子，時而又用下頜，在臺上做出種種滑稽動作。引得臺上臺下笑聲一片，很是吸引觀眾。

　　舊時，有一些乞丐別無長技，也學起頂板凳來，算是一點兒乞討的本錢。當年有一首《童謠》唱道：

　　　　小板凳，擺一排，阿弟阿姐坐卜來；

　　　　我坐板凳把歌唱，要飯的把它頂起來。

　　　　頂在頭上團團轉，頂在額上立起來；

　　　　前仰後合不會倒，逗得妞妞笑起來；

　　　　回屋要了一個大，送給要飯的明兒再來。

　　其實，乞丐頂板凳的目的並不在於向小孩兒討錢，他的乞討對象主要在於商鋪。常言說「貓有貓道，狗有狗道」，要飯的耍板凳也有這一行的道理。《丐經》有一條「蹲坑」，囑咐乞丐乞食要帶上一隻小板凳。坐在商家門首，遭受白眼時也勿著急。只靜靜等候，候久，商戶怕傷生意，多少會有支付。

耍耗子

耍耗子，又名鼠戲。《聊齋誌異》中有《鼠戲》一文寫道：「一人在長安市上賣鼠戲，背負一囊。中蓄小鼠十餘頭，每於稠人中，出小木架，置肩上，儼如戲樓狀。乃拍鼓板，唱古雜劇，歌聲甫動，則有鼠自囊中出。蒙假面，被小裝服，自背登樓，人立而舞。男女悲歡，悉合劇中關目。」這是有文字記載的鼠戲。

表演鼠戲的老鼠，不是平時人人見而生惡的灰鼠，而是一種生得乾乾淨淨的小白鼠。小鼠一身白毛，肚皮和小嘴生得粉嘟嘟的，十分招人喜愛。

耍耗子是民國初年流行的一種民間雜耍，現在早已絕跡。耍耗子的藝人一身短打扮，頭戴一頂破氈帽，身背一套箱籠。一旦有人圍上來，他就把箱籠放在地上，把箱內的家什一一搬出來，擺在箱子頂上，這些特製的小道具有小樓房、小橋、小寶塔、小梯子、小木輪、木桶、小秋韆等，小巧玲瓏，頗有趣味。待與圍觀的人們論好價錢後，耍耗子人的一通鑼鼓，鼠戲就開始了。只見一個小匣開啟，就鑽出七八隻小耗子。隨著耍耗子人的指令，小耗子一字排開，直起上身，半蹲半坐，屈身打躬。接著，小耗子輪流表演爬梯、鑽塔、蕩秋韆、提水等節目。一個個活潑亂跳，風趣詼諧。清人李聲振在中寫道：

貓與同眠昔已曾，養馴更不避人行。

嶺南始信稱家鹿，賦點何因玉局生。

魔術師

清末民初的上海，經濟繁榮，華洋雜處，中西文化在此相撞相融，成為一處「事事領先，處處時尚」的大都會。不僅衣食住行，處處都沾滿洋氣，在文化生活方面，歐美電影、西洋話劇、洋歌西舞也充斥舞臺。就連娛樂業中的傳統戲法也早吃不開了。已被「西洋魔術」所取代。

最先來到上海的外國魔術班子是俄國的伊‧羅蒙諾夫「魔術團」一行十人，首演於英租界，時間大約在光緒十五年前後。節目有「大變活人」「魔箱分身」「美女懸空」「人首蛇身」等幻術。這些節目，對於視聽閉塞的國人來說，不僅見所未見，而且聞所未聞。丹桂茶園為此停演了京劇，而把這個「魔術團」重金聘至，熱熱鬧鬧地演了一個多月。魔術師這一稱呼也就此叫了開來。

細考，西洋魔術起源於宗教和信仰。古代，人們相信自然界中所有的事情都是因為有精靈操縱。巫師或祭師利用人類迷信心理，借由魔術強化宗教的儀式，使信徒更加信仰宗教。歷史上最早的魔術紀錄發生於古埃及，也就是四千

多年前。1823 年發現的文獻上，記載了一位名叫德狄的魔術師，受召為法老進行表演。他能將鵝的頭砍下，而斷了頭的鵝依然能走動。最後再把頭重新接在鵝的頭上。但是，法老要求他對犯人施行這種魔術時，他斷然拒絕了。

我國的魔術出現得也很早，西漢元封三年，漢武帝舉行百戲盛會上即有魔術。如吐火、吞刀、自縛自解等節目。自從外國魔術師來華表演之後，國人聰明，很快就把這些洋玩意就琢磨透了。不久，國人自己開辦的魔術團也出現了。變戲法的改穿西裝革履，分頭梳得個鋥光瓦亮，手持魔術棒，也就當起魔術師來。

踩高蹺

村公村母扮村村，屐齒雙移四柱均；

高腳相看身有手，要知原不是長人。

清人李聲振在《百戲竹枝詞》中，詼諧地描述了春節和元宵節期間，農閒中的村人踩高蹺走會時的情形。舞蹈者雙足踩著高有三四尺的木蹺，扮成各

種戲劇人物，手持道具，在鑼鼓大鑔的強烈節奏下閃轉騰挪，變化著各種姿態旋轉舞動。舞者的隊伍一般由一二十人組成，他們分別扮成白蛇、青蛇、許仙、法海、孫悟空、豬八戒、沙僧、唐僧、文丑、小生、大姑娘、丫環、彩婆子等角色。舞蹈是按一定的套路表演的，有白菜心、剪子股、蒜辮子、蛇蛻皮、馬分鬃、單八字、雙八字、跳桌子、撲蝴蝶、小快槍、三節棍等等路數。表演看似粗俗簡單，其實如同一齣大戲一般，很有內容。如《西廂記》中「西廂驚豔」「張生跳牆」等情節。扮張生的演員還要做出朝天蹬、下叉等很多身段。《白蛇傳》常演的是「盜仙草」「水漫金山」。旦角開打更是好看，不過飾演旦角的都是大小夥子，他們時而「鯉魚打挺」，時而「鷂子翻身」，時而虎跳，時而下腰，有時還要上桌子，過獨木橋，做出種種高難動作，使得圍觀群眾讚歎不已。節目的最後，表演者齊唱《社火調》或《碼頭調》以《大八仙》的表演程序結束演出。高蹺的表演形式早在春秋戰國時期就出現了。《列子·說符》篇記載：「宋式有蘭子者，宋元召而使見其技，以雙枝長倍其身，屬其脛，並趨並馳。弄七劍迭而躍之，五劍常在空中。元君大驚，立賜金帛」。

唱小曲

一隻胡琴咿咿啞，一遍聽過無復覆。

小曲從來最導淫，傷風敗俗害人心。

長官何不嚴申禁，滅盡街頭鄭衛音。

　　這首竹枝詞刊行於宣統二年夏季《圖畫日報》，反映出當時的一種社會現象，黃色小曲十分流行。唱黃色小曲的也成為一行職業，發展到了有傷風化的程度。正如報紙上所說，社會輿論已強烈地呼籲政府干涉，要把唱小曲的這一行予以取締。

　　舊日曲藝說唱行中，原本是有一門「葷口」，也叫「髒口」，專門說唱男女性愛、猥褻淫穢的段子，取樂聽眾賺取報酬。相聲中有，口技中有，唱小曲兒的段子則更多。但是，向來表演這些段子，行裏是有一定規矩的。其一是座中有女客不演，二是有小孩在場不演，三是給錢的主兒不再三要求不演，四是不加雙倍利市不演。而且，表演之後，演員要背身漱口，三揖三拜，以示向祖師爺謝罪。《鬧五更》《十八摸》這兩隻曲兒是諸色黃曲兒的代表。至於何人創作，實無從確考。

　　明人沈德符的《顧曲雜言》中記述：「嘉隆間乃興《鬧五更》《寄生草》《羅江怨》《哭皇天》《乾荷葉》《粉紅蓮》《桐城歌》《銀絞絲》之屬。自兩淮以至江南，漸與詞曲相遠，不過寫淫媟情態，略具抑揚而已。」詞句內容，淫媟情態，遂不堪入耳了。其實並非如此，今日讀《元人散曲》和蒲松齡《俚曲》中的《鬧五更》《歡五更》之類的內容，無非是兒女相思、恨短恨長而已。至於《十八摸》的口傳版本很多，寫的是新郎為新娘寬衣解帶的時候，一邊為妻子脫衣服，一邊撫摸她的身體，閨房風情別有一番妙處。

大鼓書

　　鼓書興於清代初年，朝廷為了安撫民心，特組織民間藝人唱書，內容多是講述李自成如何不好，清朝入關是替天行道等。由地方簽發「龍票」，派他們四處演唱。這種組織名為「票房」。清代末年，這種官辦的組織解散，藝人們便散落民間，以唱鼓書為職業了。

　　鼓書分為京韻大鼓、西河大鼓、梅花大鼓、樂亭大鼓、東北大鼓、山東大鼓等十餘種。主要流行於北方城鎮鄉村。它的表演形式是演員一人自擊鼓板，

配以一至數人的樂隊伴奏。伴奏樂器為三弦、四胡、琵琶、揚琴等，演員擊打的鼓為扁圓形，兩面蒙皮，置於鼓架上，以鼓槌敲擊。手執的板有兩種，一種是檀木板，一種是兩塊半月形的「鴛鴦板」。鼓書有中篇、長篇之分。短篇只唱不說，中、長篇則有唱有說。人們稱唱短篇為大鼓，唱中、長篇為大鼓書。

到了同光年間，鼓書藝人為迎合城市聽眾的需要，移植《子弟書》中的詞句，演唱《長阪坡》《紅樓夢》等大段子。而且還加上了表演身段，使京氣大鼓面目一新。李虹若在《都門雜詠》中寫道：

　　彈弦打鼓走街坊，小唱閒書急口章；

　　若遇春秋消永晝，勝他蕩落女紅妝。

此後，大批女演員粉墨登場，為曲壇增添了無限風光。

八角鼓

　　八角鼓，響叮噹，八面大旗插四方。

　　大旗下，兵成行，我的愛根在正黃。

黃盔黃甲黃戰袍，黃鞍黃馬黃鈴鐺……

這首《接愛根》的滿族情歌，描寫八旗子弟打沙俄的故事，是八角鼓的傳統節目之一。

八角鼓是滿族最有特色的民間樂器。鼓體扁小，呈八角形，鼓框用八塊紫檀拼黏而成。單面蒙以蟒皮，以小鱗蟒皮為佳。四周鑲嵌骨片作為裝飾。鼓的邊框均開有海棠花瓣形的透孔，中間用銅釘各穿一對小鈸和小銅環，繫以鵝黃色或大紅色絲繩花結。下垂兩束絲製鵝黃色或大紅色長穗。鼓呈八角，暗寓八旗，圍鼓八個小鈸及串梁，為三八二十四固山。

相傳清朝有個叫阿桂的人帶領八旗兵到大小金川作戰，許久不能歸鄉。幕府中有好詞曲的人，閒來無事遂編各種八角鼓詞，教兵士習演，藉此消遣。直至撤兵歸來，仍相習成風。故詞中有「鞭敲金鐙響，齊唱凱歌還」之句。

筆者在明刊《宛署雜記》一書發現，作者記有「劉雄八角鼓」一節。他說劉雄最善擊鼓，輕重疾徐，可以盡隨人意。其節奏可以配合絲竹管絃音樂，委婉曲合，更能助其清響。」以此可以說明，明代中葉，八角鼓已經在北京流行了。隨著 1644 年清王朝在北京定都，大批滿人入關，八角鼓與滿人的說唱藝術逐漸融合，形成一種新的鼓書。這種鼓書以單弦伴奏，藝人說唱些時尚新聞，前朝故事，盛行於京津一帶。

唱道情

唱道情也叫漁鼓簡板，又名黃冠。始於宋代，原本是道士唱的歌。後來轉為民間藝人演唱。《稗史彙編》稱：「靖康初，民間以竹徑二寸，長五尺許，冒皮為首。鼓成節奏。」還有一例，明田汝成《西湖遊覽志餘》曾記有唱道情的這一行人的演出情況。他說：西湖冷泉堂前有假山，修竹古松茂密不見日色。夏天也沒有暑氣。後苑有小廝兒三十人，常在那裡「打息氣，唱道情。問他們唱的是什麼？他們說：此是張掄所撰鼓子詞。」可知，彼時唱道情已是一種司空見慣的民間說唱形式了。

到了南宋，唱道情的開始用漁鼓和簡板作為伴奏樂器。因此人們也稱其為「漁鼓」或「鼓兒詞」。清代，沿運河各地此項曲藝最為盛行。鄭板橋亦屢有仿作，自稱祖師爺是《繡襦記》中的鄭元和。後來，道情沿著運河漸漸流入北京。到了清朝末年，北京各胡同中還有不少唱道情的。這一行所用之鼓，係一長三四尺徑三寸餘的竹筒，蒙以豬脬皮。簡板一物用五寸多長木板。唱時左

手擊板兼抱鼓，右手擊鼓，兼作唱詞。清代李聲振的《百戲竹枝詞》中有一首「唱道情」寫道：

　　　拍板曾傳藍采和，黃冠一曲緩相過。

　　　聽來漁鼓歌雲笈，真是魚山唱貝多。

　　道情的詞句亦雅亦俗，流傳甚廣。舊日的漁夫、道士、文人墨客、民間藝人，幾乎人人都能唱上幾句。

敲碟兒

　　電影《洪湖赤衛隊》中有段插曲，一群賣唱女子用筷子敲小瓷碟唱道：

　　　手拿碟兒敲起來，

　　　小曲好唱口難開。

　　　聲聲唱不盡人間的苦，

　　　先生老總聽開懷。

　　碟聲清脆，曲調也很新穎入耳。有不少人跟著學唱。但大多數不知道它的

來歷，其實這種表演形式和曲調，是來自舊社會的最下層。名叫「敲碗兒的」。曲名叫做「花子調」，是舊日末路藝人或「要飯的」作歌行乞的一種手段。被「團頭」納入「響乞」一類。

在舊社會的現實生活中，淪落為乞丐的人，也要有一些小技藝，作為求存之道。他們手持一副小磁碟兒，用敲擊之聲伴奏，立於鬧市，以求施捨。其實，但凡是會唱些酸歌豔曲的乞丐，大多不是什麼忠厚老實之人。更不會是失去田畝的農人。幹這一行的多是游手好閒的無賴之徒。或是因為好賭成性，吸毒成癮，導致家資破敗的紈絝子弟。他們在得意之時，吭著小曲兒、弔兒郎當、不知晨昏地混日子。一朝破敗，失魂落魄，身無長技糊口，也就只好敲著碟兒、碗兒之屬，唱個酸曲兒，求人憐憫了。

這些人唱的「花子調」是「數來寶」和「蓮花落」的變種，也包括在民歌「十八調」之中。不過叫花子們編的詞，並沒有什麼內容和文學價值。因此也沒有什麼文字留傳下來。

說評書

　　說評書這一行出現於明代。彼時評書名家備出。柳敬亭就是其中的佼佼者。沈龍翔在《柳敬亭傳》中說：敬亭本名逢春，字敬亭。他的臉上生了不少麻子，人們叫他柳麻子。其實，他原本姓曹，是泰州曹家莊人氏，因為他平生放蕩不羈，身無長技，浪遊四方。一日來到寧國，吃醉了酒，倒臥在敬亭山下。樹上的垂柳輕拂其身，他十分感慨，就改名柳敬亭了。他聽說市中有說彈詞的。他很愛聽，一邊聽一邊學，沒多久，就自己拉場子說了起來。

　　周容《春酒堂文集》中這樣形容柳敬亭說書：「聽其說數目，見漢壯繆，見唐李郭、見宋鄂、蘄二王、劍戟刀槊，鉦鼓起伏，髑髏模糊，跳擲繞座，四壁陰風旋不已。予發蕭然，幾欲下拜。」真可謂出神入化。如此代代相傳，評書逐漸地成了民間市井婦孺皆愛的一種曲藝形式。

　　自清以降，說書的名家層出不窮，有「三臣、五亮、九茂、十八奎之說」。說評書的是藝人當中最有文化的。唱戲的、唱曲藝的都可以不識字。可說評書的至少得讀過幾年私塾。說評書必須自己能看本子，而且還要博覽群書、

廣交朋友，這才能多知多懂。正因為如此，大家才尊評書藝人為「說書先生」。在廟會上、集市上有了什麼糾紛或者難斷的事情，就來找「說書先生」討個說法。

滑稽戲

滑稽戲是由上海的「獨角戲」融入喜劇、鬧劇和江南地方戲曲逐步形成的一種新興劇種。它流行於上海、江蘇、浙江的許多地區，很受廣大觀眾歡迎。

滑稽戲用地方方言演出，興起於 1920 年前後，早期多由一人演出，表演形式頗受彼時的「小熱昏」唱新聞和「隔壁戲」的影響。一個人摺地居中，又說又唱，間以口技、地方小曲、雜七雜八、熱熱鬧鬧地能能招來一大群人觀看。其中「黃段子」居多，語言齷齪。什麼《傻小子逛窯子》《小大姐偷年糕》等，如同早期天橋的相聲一樣，多為兒童婦女不宜。

後來出了個王無能，他也是一人成檔，專說笑話，唱滑稽小曲。不過內容就文雅多了。他常模仿京劇名伶、越劇皇后的名段，間以調侃時事，堅持文明，不說黃段兒，而聲名鵲起。開始登堂入室，進入茶樓、大世界、露天舞臺

演出，很受市民階層歡迎。遂起名為「獨角戲」。

　　不久，滬上又出了個江笑笑和劉春山，他們二人在臺上插科打諢，學唱各種小戲兒，與王無能相較，各有所長。一時形成鼎足之勢。在他們的帶動下，二人檔、三人檔和群檔的滑稽戲紛紛登場。在長期的藝術實踐中，滑稽戲逐漸成為一種多人演出的劇種，能搬演整臺的大戲了。常演的劇目有《方卿見姑娘》《包公捉拿落帽風》《濟公》《蘇州二公差》《好好先生》《七十二家房客》等等。其中《七十二家房客》和《三毛學生意》還拍成了電影。

什不閒

　　清季無名氏所作《都門竹枝詞》中描寫了當時遊藝場的情況。

　　　某日某園演某戲，紅黃條子貼通街；

　　　太平鑼鼓灘簧調，更有三堂什不閒。

　　從詩中可以看到戲園子裏不僅演出京劇、崑曲之類的大戲，還有曲藝、灘簧、太平鼓和什不閒之屬。而且在一個場子裏「更有三堂什不閒」。可見，什不閒是一種特別受平民歡迎的節目。

　　什不閒這一曲藝形式早在半個世紀之前就已消失了，它原本是什麼樣子並無詳細的文字記述。據民俗學者周繼烈先生說，在國子監北京民俗博物館中，曾陳列有一架看起來十分古怪的樂器，像一個小貨架子。上層是九面音色不同的小銅鑼，可以敲出不同的聲音，俗稱雲鑼。雲鑼下邊的桌面上，左邊放著一隻木魚，右邊放著一對鐃鈸，左手懸著一對檀板。桌子的右下邊掛著一面大鑼，鑼邊還懸著一柄鑼錘。講解的人也說不太明白。只說這就是什不閒。為什麼叫什不閒呢？說是這堆樂器由一個人一邊兒唱，一邊兒演奏，手腳不得停閒，所以叫什不閒。

　　什不閒源自蓮花落。一個人手托竹板唱的為「蓮花落」，幾個人分唱還加上鑼鼓，加插科打諢的為「什不閒」。又名「拆唱蓮花落」。後來，這種多人的什不閒慢慢地演變成一個人的吹拉彈唱。王樹村先生在其所著的《中國民間木版年畫》中，有一幀光緒年楊柳青出版的年畫，畫中一個小童在奏唱什不閒，是今人研究什不閒的寶貴資料。

野雞灘簧

灘簧是一種在常州、無錫、蘇州、上海一帶郊區流行的小調，後來逐漸發展為一種民間曲藝。

「野雞灘簧」這一名詞的來歷有兩個解釋，其中之一，是這路灘簧的創始人王嘉大，出生於武進縣湖塘鄉王野雞村因而得名。王嘉大天生一副好嗓子，農閒時學會了不少「小調」，什麼「唱春」「宣卷」「道情」樣樣都唱得挺好。人也生得俊俏，年輕時拜常州灘簧鼻祖高林福和白先生為師。正式學唱旦角。當時沒有女演員，旦角均由男演員反串。沒有身段表演，也沒有戲裝。據說有一次他在常州青果巷演唱時，有一位少奶奶把自己的花緞裙、灰鼠皮襖、珍珠蝴蝶花都送給了王嘉大，叫他打扮起來唱效果會更好。果然，他的扮相動人，轟動一時。人們都爭相觀看。民國初年，王嘉大到上海闖世界，為了招攬觀眾，以示與他人不同，索性就以他的出生地「王野雞村」來命名，就自稱「野雞灘簧」了。這個名字一打出來，果然收到了一鳴驚人的效果。他唱得最出名的是《珍珠塔》，在劇中扮演勢利姑媽方朵花，頂著香盤跪接方卿的一段，最是轟動。

另一種說法是，灘簧有蘇灘、本灘之分，它的表演形式大多為一生一旦兩人合演一個故事。男人拉琴女人唱，間以插科打諢，為討好各種觀眾的不同口味，其中加入不少粗俗的噱頭。政府視之為淫戲，曾一度嚴加取締。這種灘簧只能在鄉間或市鎮的茶館酒樓偷著演出。時人稱之為「野雞灘簧」。

群芳會唱

上海「大世界」建於 1917 年，創辦人是上海巨商黃楚九。開辦以後生意興隆，是滬上最吸引市民的娛樂場所。「大世界」裏面設有許多小型戲臺，輪番表演各種戲曲、曲藝、歌舞和遊藝雜耍節目。中間還有一間寬敞的露天劇場，還設有電影院、商場、小吃攤和中西餐館等。遊客花不了多少錢，買一張票可以玩上一整天。開張之後，京戲、地方戲、南北曲藝、雜耍、魔術，應有盡有。從中午到夜晚，當中不間歇。什麼時候去，總有戲可看。故而門庭若市，終日熱鬧非常。每日售出的門票可達兩三萬張。

「大世界」樓下大門右首有個「共和廳」，那裡上演的節目叫做「群芳會唱」，最是吸引觀眾。這個節目也是黃楚九想出來的點子。那時上海長三堂子裏的高等妓女，應客人之召，不但陪酒，而且還要唱戲。唱的多是京戲，有時也會唱幾段崑曲和時新小曲。黃楚九就把她們邀集到大世界來公開亮相，她

們不著戲裝而是時裝亮相，站在臺上清唱一兩段拿手的段子，倒也新鮮時尚。當每位妓女出場時，臺後的牆即掛出她們的芳名。這樣不僅給她們做了廣告，而且也給「大世界」帶來了極好的生意。妓女把到「大世界」來清唱看成是個出風頭的機會，也都很樂意參加。她們來的時候，與她們要好的客人也都跟蹤而至。因此不愁臺下沒有捧場喝彩之聲。妓女們一個個濃妝豔抹，花枝招展，為出風頭，大展歌喉。老鳳新凰，鶯啼燕囀，紅火異常。

評彈

評彈是蘇州評話和彈詞的總稱，它流行於蘇州及江、浙、滬一帶。用蘇州地方方言演唱。「彈詞」之名，初早見自明嘉靖刊本田汝成《西湖遊覽志餘》，其中記載了杭州八月觀潮：「其時優人百戲，擊毬、關撲、漁鼓、彈詞。聲音鼎沸。」文中還提到「杭州男女瞽者，多學琵琶唱古今小說、平話，以覓衣食。謂之陶真」，「陶真」是彈詞的前身，彈詞又是「陶真」的綿延，兩者發展的歷史是分不開的。

「彈詞」始於明代，發源於吳中。

　　潘心伊在《書壇話墮》一文中說：乾隆皇帝下江南時，對彈詞發生了濃
厚的興趣，並把當時的名唱手王周士帶在身邊。暇時就聽他的《遊龍傳》。自
此，評彈得到了迅速發展。先後出現了陳遇乾、俞秀山、毛菖佩、陸世珍等
「四大名家」。上海開埠後，評彈進入上海落地生根，成了人人喜愛的一種曲
藝形式。

　　評彈分三種演出方式，即一人的單檔，兩人的雙檔，三人的三個檔。演員
自彈自唱，伴奏樂器為小三弦和琵琶合奏。間以吳儂軟語，娓娓動聽。唱腔更
是抑揚頓挫，輕清柔緩，弦琶琮錚，十分悅耳。最初唱評彈的都是男藝人，咸
豐年間，開始有女子登臺。以常熟人為多數。色藝雙全，更能贏得聽眾耳目。
時人有詩云：

　　　　滬上花樣年年換，書場都用女先生；
　　　　琵琶未彈先一笑，傾倒顧曲小周郎。

西洋鏡

　　筆者二十年前偶然看過一本名叫《說閒》的筆記小書，作者在文中寫道：

一日閒遊揚州瘦西湖的廟會，看了一椿新玩意兒，叫做西洋鏡，頗為神奇。這西洋鏡「是一個有四條腿子的大箱子，正面有三個小窗子，觀者可以坐在前面的條凳上，隔著一個小鏡子往裏邊看去。箱內豁然開朗、氣象萬千，看山水，則沃野千里。山重水複。看都會，則人群熙攘，樓房林立。」作者十分感慨地說：「雖是海市蜃樓，並非曇花一現。雖如玉宇瓊臺，實非不可及也。」及至最後一瞥，竟是一群妖精打架，使作者目瞪口呆，驚詫之處難以言表。歸來，猶自「竊笑失聲」。宣統二年發行的《圖畫日報》上刊登《賣西洋鏡》詩一首，揭露這種小販的不軌行徑。要求政府明令制止取締？詩中寫道：

> 西洋鏡致嘸啥好，此等畫工最粗糙；
> 為有顯微鏡發光，鄉人一見稱奇妙；
> 看了一張又一張，圖窮忽見大體雙。
> 傷風敗俗應該禁，況有揚州女混堂。

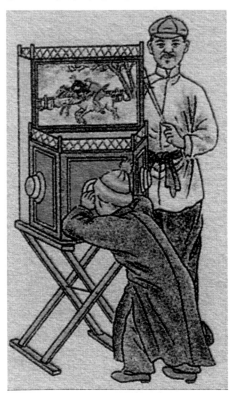

　　西洋鏡裏藏有「大體雙」和「春宮圖」早已成為這一行的傳統節目了。只是在播放時，小販需要分出小童、男女與成年正經人與要樂子的人之不同，再根據付錢多少而分別服務了。

三上弔

　　《三上弔》是全本《目連戲》中的一折，具體內容早已失傳。據《中國戲劇史》的作者徐慕雲先生回憶：他兒時在徐州鄉下廟會看梆子戲時，曾看過《三上弔》。演員的辮子繫繞於舞臺的大樑上，全身懸空，一邊打竹板，一邊唱「蓮花落」。這是一種文唱，演的是《男弔》還是《女弔》沒有寫明。唱的內容是弔死鬼在陰間如何受難的情況。

　　另據一些零星的戲劇史料記載，還有一種武的演法，表現冤鬼們在地獄裏受折磨的事情。

　　陳伯熙編著《上海軼事大觀》中記載：同治三年，上海寶善街曾是老城廂外最早的戲曲演出中心，常有徽班、秦腔、梆子在此演出。《三上弔》是當時經常貼演的劇目。彼時的《三上弔》，伶人勾臉飾鬼，在臺上翻騰跳躍，並在鐵槓子上、屋柱上練工夫。「逮那雲裏飛始花樣翻新，於正廳屋頂上設長繩一道，中懸短木棍三根，上繩後翻騰坐臥，獻出各種身手，令見者神悚魄奪。後有名綆子飛者，更能以辮子用鐵鉤懸掛臺中，作空中飛舞，且設橫繩一道，自臺上斜貫正廳之柱端，一瀉而下，尤為危險。厥後寶善街滿庭芳演此。綆子飛

因頭觸柱上，竟至腦漿迸裂而死，施救不及，觀者皆為之驚歎不已。」作者在寫完這則舊事後大發感慨云：「伶人演戲與江湖賣藝同一用意，本非戲劇正軌，甚至以生命搏金錢，不亦可哀也。」綆子飛死後，又有一位叫飛飛飛的演員稱技藝更高更險。但觀眾皆不敢現場觀看，不賣座也就演不下去了。

唱戲的

　　「唱戲的」此處的「的」字念「地」字的音，是舊社會對演員的一種貶稱。從語意中講：這三個字不僅肯定了這個職業的性質，而且反映出時人對這一職業的看法。

　　《史記·滑稽列傳》中有優孟衣冠的記載，是演員藝事的記錄的開端。優孟，是楚國的樂人，常以談笑諷諫為能事。楚國宰相知其為賢人，對他甚好。優孟敢於在國王面前言大臣所不敢言的事情，是有特殊意義的，也是很感人的。司馬遷對之給予很高的評價。但優孟的諷諫性表演算是戲劇雛型。到了隋代才有這樣的文字記載：

　　　　萬方皆集會，百戲盡來前。

臨衢車不絕，夾道閣相連。

薛道衡的這首詩記述的是，隋代大業年間一個劇場歌、舞、演出的盛況，內容十分豐富，表現形式以百戲為主。可見戲劇形式業已誕生了。到了唐代開元二年，「玄宗於聽政之暇，教太常樂工子弟三百人為絲竹之戲，號為皇帝弟子。又云梨園弟子，置院近於禁苑之梨園。」這就是我國歷史上第一所即培訓演員，又進行演出的音樂、舞蹈、戲劇學院。而玄宗自己便成了院長。梨園中人才濟濟，有編撰人，有音樂家，有表演藝術家，他們都有很高的文化。編撰人員雖不固定，但經常有翰林學士或其他著名文人編撰節目。有唐以來，有名有姓的演員有李龜年、雷海青、黃幡綽、公孫大娘等。元明時代則有朱簾秀，中都秀等。清代出了「同光十三絕」「御口親呼胖巧玲」，還有「國家大事誰管得，滿城爭說叫天兒」的譚鑫培。這些大角兒在世俗的眼中既是高不可攀的明星，同時又是被人極為輕賤的「娼優」和公眾的玩物。

鼻子吹簫

賣簫的吹簫，本是一件很普通的事情。他們背著一些竹簫、竹笛，在市面上踽踽而行，雙手撫弄著一支簫管，用嘴吹奏。吹的曲調不是《子胥燕市》就是《蘇武牧羊》，為的是給賣簫笛生意做示範性的廣告。

這幅圖中所繪的吹簫與一般的吹簫明顯不同。他不是用嘴吹簫，而是用鼻孔在吹簫。一會兒用左邊的鼻孔，一會兒又用右邊的鼻孔，把竹簫吹得又響又亮又打遠。而且還特別有味。

20年代，上海一家小報登了一則消息說：「滬上城隍廟有一賣笛人，善用鼻子吹簫。路人止步觀看，嘖嘖稱奇。其曲聲嗚嗚然，如泣如訴，如怨如慕，舞幽壑之潛蛟，泣孤舟之嫠婦。儼然蘇東坡之遊赤壁也。行人駐足，知音驚歎，莫不謂之奇技。」有人做詩云：

燕市何來伍子胥，吹簫一管慟悲淒。

安得姬光有慧耳，收得此人便登基。

誰知鼻孔亦有怨，宮商曲折繞雲霓。

洛陽橋頭有隱士，誰人聞此不稱奇。

後來，有不少人向他學藝。他也正好藉此機會掙些錢鈔，要學藝的人就先得買他的簫，而後再另付束脩。

鐵砂掌

鐵砂掌，顧名思義，是用鐵砂鍛鍊出來的一種掌功，是屬於硬氣功的範疇。

在中國眾多的武術門派中，大多數都有自己門派的鐵砂掌，名目很多，但練法大同小異，全是用鐵砂輔以藥料作為練功之物。外行看來，無非是一種練功、運氣、劈砂、擊袋，其實，此功堅持鍛鍊、歷經寒暑，可以練至掌部堅硬如鐵，臂長力增，練就一種可攻、可守、可表演的掌上神功。有工夫的人，鐵掌如刀似斧，可以當場開磚裂石，如削泥斷瓦一般。

張次溪先生訪問過天橋把式場子裏的二楞子，這個人了不起，有真工夫。他每次表演擊石頭的時候，場子上除了一堆一塊比一塊大的石頭以外，旁邊還放著一隻大鐵錘子。如果觀眾中有人疑惑石頭不是真的，那滿可以不必客氣地抄起來鐵錘試試，若是錘之不碎的石頭，然後由二楞用手來擊，他是大吼一聲，氣到掌到，頑石頓折為兩段。二楞自己說：瞧我的只是瞧一個苦修苦練的苦工夫，除了這個，沒有可看的。

他是個練有真功的人。而在江湖上經常會看到有不少撂地、拉場子賣藝

之人，他們每每見到人多時，便大講自己是何處山門子弟，師傅姓字名誰，經過多少年的錘鍊練得此功，請大家站腳助威。說罷，就近搬來一方石頭，放在地上，下邊用一塊小石頭墊腳，高舉左掌，大喝一聲，用力劈下。石頭頓成兩半兒。觀者大聲喝彩。其實，這塊石頭早已經過處理了。先是用火烤紅，再用醋一激，石頭的外形未變，而石頭的內質已酥，用手一擊，當然就會斷裂。

虎頭鉤

　　京劇傳統戲中有一齣《盜御馬》，也叫《連環套》，寫的是綠林好漢竇爾墩盜走了皇帝的御馬，震動京師，朝廷命總兵黃天霸限時破案。天霸深入虎穴，隻身拜山，認準御馬被竇爾墩所盜。二人相約，翌日山下比武。天霸若勝，竇爾墩獻馬伏罪。竇爾墩所用兵器是一對虎頭雙鉤，舞將起來，有萬夫不擋之勢，天霸萬難取勝。正在為難之際，朱光祖拔刀相助，夜入連環套，盜走虎頭雙鉤，使得竇爾墩不戰而敗。這種虎頭鉤是什麼樣的武器呢？據《施公案》描寫，它「能鉤、能拿、能刺、能斫」，是種殺傷力極強的武器。但是，其形、其技早已失傳。

　　據說，有「活竇爾墩」之名的京劇花臉泰斗郝壽臣先生，在排練「竇爾墩大戰黃三太」這齣戲時，還真下了一番苦工夫，花重金請來了武當山主持尊善大師教授此藝。尊善大師說：「我只見到有人練過，自己並沒有得其真傳，只知一些皮毛，不敢言教，可以一同討論。好歹，先生只在舞臺上使用，只要功架對路也就可以了。」就這樣，二人共同研究了一套「鈎架兒」，用到了臺上，還真得彩！

　　二十年代，有一山東漢子精於武術，他說自己曾受過真傳，而且珍藏有這種武器。上海精武會曾致函山東武林會館，邀請此人攜帶雙鈎南下講學傳藝，藉以挖掘國粹、弘揚國術。但是信件發出之後，竟然無了下文。」

提石鎖

　　石鎖是古代的一種舉重器械，提石鎖、舞石鎖都是彼時習武之人必練的基本功。據考，石鎖最早出現於北宋時期，是武林人士的一項發明。既可以練握力、腕力、臂力，又能用來當武器攻守。於是紛紛沿用，傳將下來。到了清

季乾、嘉年間更為盛行。彼時考武舉，能不能提起四百斤重的大石鎖，是考場上的第一關。練習武術時，必定耍從小石鎖練起。石鎖舉法主要有抓舉和擺舉兩種，小石鎖花色較多。有扔高、砍高、接高、扔荷葉、接荷葉、支梁、扇梁子、砍跟斗等許多動作。練好了，師傅再教授拳棒武藝，以求藝成，圖個進取。

光緒年間，朝廷廢除了考武舉的制度，民間以習武求取功名的道路被斷絕了。習武之人也失去了往日的威風。家境貧寒、別無生計的習武人，不少當了遊走江湖的賣藝人，他們把自幼練功用的石鎖，當成謀生的本錢。好在石鎖這種東西並不難尋，廟會廣場，皆有現成，藝人無論走到哪裏，拉開場子就能表演。耍上一套小石鎖，譬如「張飛跨馬」、「關公脫袍」、「黑虎穿檔」、「吳牛望月」等，算是開場。此時，地面上就會有人搬來大石鎖，請賣藝的提弄。無疑這是對外來藝人的一種考驗。藝人當眾提得起，會贏得一片喝彩。他就可以繼續練下去，觀眾也會捧場。如果臨陣怯場，提不起來，那只好灰溜溜的走人。

大力士

　　大力士一詞傳自西洋，原本是對天王宙斯之子、有著無窮的神力的海格力斯的稱謂。20 世紀初，清王朝的統治岌岌可危，洋人的氣焰頗為囂張。大力士一詞也隨著俄國格鬥冠軍、拳擊家彼得洛夫的名字一同進入中國。這位大力士一到天津，先與剛剛傳入中國的汽車較勁。聲稱可以力阻汽車，既便汽車過身，也無傷毫髮。此言一經見報，觀者雲聚俄租界，要看看這位大力士的雄姿。果然在表演之日，一輛汽車開足馬力向前衝來，但被彼得洛夫的胸膛所阻，汽車不能行進半步。此事至為轟動，大力士之名盛傳一時。後來，所有仿傚彼得洛夫阻汽車的硬氣功藝人，統統都稱為大力士了。

　　這位彼得洛夫後來又擺下了擂臺，誇口天下無敵，拳打中華武林。聞聽此言，有一個人義憤填膺，決定前往打擂，此人便是霍家拳的掌門人霍元甲。在擂臺上，他面對身材高大、宛如鐵塔般的彼得洛夫，毫無懼色，他採用以柔克剛的方法，僅三兩回合，彼得洛夫就被霍元甲一拳打下了擂臺。頓時臺下掌聲雷動。從而，大長了中華民族的志氣。1910 年 4 月 19 日至 21 日，霍元甲在《時報》上以中國大力士的名義自己設擂，連登三天廣告，內容為：「本人霍

元甲，今來設擂，世譏我國為病夫國，我即病夫國中一病夫，願與天下健者一試……收各國大力士，雖有銅皮鐵骨，無所憚焉……」。但是，並無一名洋人敢於應擂。

畫像

　　畫像，在中國畫中獨具一格，屬於一個特別的門類。古代畫家吳道子、顧愷之、閻立本都是人物畫大師，也可以說是肖像畫的先驅。但是在元代以前，並沒有留下什麼出色的肖像畫作品。

　　元代出了位出色的肖像畫家，名叫王繹。他少年時代就擅長丹青，其後更以人物寫真為時人所重。他的畫不僅特別重視形似，更注重對人物神氣的描繪。晚年，他總結了自己的繪畫經驗寫了《寫像秘訣》一書，文字不多，但極為精簡。文中對面相特徵分為田、由、國、用、目、甲、申、風八個字，稱為八格，歸納出八種相貌，並指導面相染色的方法以及衣著器物如何配色等。此書是我國傳世最早的一部專論人物肖像畫法的著作。及至明朝，西洋寫真畫法傳入我國。時人曾鯨，一改傳統人物畫法，以西洋暈染法繪製肖像，強調人物骨骼結構，明暗透視，畫出的人物肖像更加栩栩如生。清人姜紹聞在《無聲

詩史》中說他：「寫照如鏡取形，妙得神情，其傅色淹潤，點睛生動，雖在褚素，顧盼顰笑，咄咄逼真」，「每圖一樣，烘染數十層，必匠心而後止」。清末畫家鄭曼陀根據曾鯨的畫法，發明了用炭精擦染的肖像畫法，二三十年代畫人像的，全都宗法於他。

　　民國時期，用炭精粉畫像的人很多，他們開設畫像社，牆上掛著他們按照片放大畫的明星像做廣告幌子，藉以招攬生意。如有帶著照片來求畫像的，那麼，可以按照尺寸討論價格。不過前來求畫的，多數是為長輩求畫遺容的。因為他們的技術水平所限，擦抹出來的黑白畫確實缺少生氣，也只能當作遺容最為合適。

賣春聯

　　春聯屬於楹聯的一種，它以工整、對偶、簡潔、精巧的文字抒發美好願望，是一種獨特的文學形式。每逢春節，無論城市還是農村，家家戶戶都要選一副大紅春聯貼於門上，為春節增加喜慶氣氛。

　　春聯，起源於古代的桃符。桃符興於周代，是一種懸掛在大門兩旁的長方

形的桃木板。《後漢書·禮儀志》說，桃符長六寸，寬三寸，桃木板上書「神荼」、「鬱壘」二神。「正月一日，造桃符著戶，名仙木，百鬼所畏」，人們用它來避邪祛病。所以，清代《燕京時歲記》說：「春聯者，即桃符也。」

五代十國時，宮廷中有人在桃符上提寫聯語。據《宋史·蜀世家》說：後蜀主孟昶令學士章遜題桃木板，「以其非工，自命筆題云：『新年納餘慶，嘉節號長春』」，這是有據可考的中國的第一副春聯。直到宋代，春聯仍稱「桃符」。王安石的詩中就有「千門萬戶幢幢日，總把新桃換舊符」之句。到了宋代，桃符才由桃木板改為紙張，而且要用大紅紙。

寫春聯、賣春聯、揮春這一行人就大有用武之地了。他們大多數是些老秀才、老貢生，別無長技，但是毛筆字寫得不錯。他們早在年前紅紙價格還不貴的時候，就買上兩刀，裁好之後，每天寫上幾套春聯，無非是「忠厚傳家久、詩書繼世長」之屬的官中對。這一套對聯中還包括堂門聯、橫披、斗方、揮春等。賣得亻貴，也就是些紙墨錢。

善堂老人

　　善堂是一種以「扶危救困」為宗旨的，帶有宗教色彩的民間慈善組織。善堂起源於潮陽一帶，由宋代的釋大峰祖師發起的。他宣傳《孝經》，組織了一大班善男信女，集資興建了一座和平報德古善堂。至今已有上千年的歷史。

　　由於這一組織多年來以救死扶傷、賑災恤難、贈醫贈藥、布衣施食、敬老安老、興學助學、辦醫院、造橋修路等福利事業為宗旨，利民惠民、事務不分鉅細艱易，皆盡心盡力為之。為社會做了許多好事。受到歷代朝廷的表彰和人們的愛戴。善堂發展很快，到明清兩朝，全國各大城鎮都有了這類組織。儘管名稱各異，絕大多數善堂奉敬宋大峰祖師。也有奉敬呂祖、玄天上帝、華佗仙師、竇先師、崔師爺、林大人的。總之，都是把為民做過好事的先賢、神仙當作崇拜對象。以增強善信的凝聚力，有利於籌集資物。

　　善堂的組織機構中有一行老年人，他們一手執銅鐸，一手持一柄長竹板。上書「專打不忠不孝冶」他們走在街道上，只要有老年人向他泣告兒女不孝的時候，他便殺進這般兒女的家中，代其父母興師問罪。不容對方分辯，舉起竹板便打，即便打出事來，官府也不予以干涉。因為「天下只有有錯的兒孫，絕無有錯的父母」。兒女不孝，縱有千萬條理由也是該打的。

打詩謎

　　打詩謎是讀書子弟玩的一種文字遊戲，在古典小說《紅樓夢》《鏡花緣》中多有描寫。其形式是以一首古體詩為謎面，以詩意或詩中的藏字來打一事、一物。比如說，謎面是「最愛嬌容似水柔，輕唇一點暖心流，拼將今日多情淚，洗盡迴腸萬古愁」，打一入口之物。謎底必然是個「酒」字。又如「我向西時你向東，人生何處不相逢。相逢何必窮追究，追究無非都是空。」打一物。謎底則是「鏡子」遙。清人有《猜謎》詩云：

　　　彈壁燈貼三面題，摩肩搭背來猜謎。

　　　本似前朝射覆事，文思機敏方解疑。

　　《武林舊事》載：「以絹燈剪寫詩詞，時寓譏笑，及畫人物，藏頭隱語，及舊京諢語，戲弄行人。」元宵佳節，帝城不夜，春宵賞燈之會，百戲雜陳，詩謎書於燈，映於燭，列於通衢，任人猜度，所以稱為燈謎」。上海開埠以來一直是詩謎活動的熱土。據記載，咸豐年間相當流行。到了同光時代更加紅火。

　　打詩謎的活動團結凝聚了一大批詩謎愛好者，許多謎社常假座上海文明

雅園、繡雲天、新世界遊樂場等地，張燈懸謎。當場開彩，引無數遊人駐足參與，成為一時之盛事。民初，有人把這種遊戲帶進了上海大世界。變成押寶賭博一樣，開獎設局。從中做手腳，蒙人錢財。

押寶

　　河南墜子有一段名：曲叫作《諸葛亮押寶》，把舊社會的「寶棚」寫得活靈活現：

　　「我說的是小小的寶盒一塊銅，能工巧匠把它給造成。這四塊銅梆加一木，可得三門黑來一門紅。雖然可不是個值錢的寶，萬貫的家財裏邊盛。寶盒就給落在了光棍手，黃天大會支起個寶棚。倉啷啷一聲開了寶，可得圍了個裏七層這個外八層，可是裏七外八地不透風。這裡七層可是圍著這要押寶，外八層沒有錢淨猜空心紅。這個就說五弔五我押大檁，那個就說三弔六百我押麼紅。」就是這麼一個小色子，把賭博的人迷得五迷三倒。

　　舊時賭博之風盛行。有的地方常年設賭局，賭博的種類有拾薄、擲色子、押寶、推牌九、打麻將、看紙牌、押會等。其中尤以押寶、擲色子最為普通。色

子是一個用骨料刻製的小方塊，每面上邊都刻著不同數碼的點，一共六面，點數分別為一、二、三、四、五、六。一般是一至四為紅色，五和六是藍色。

　　押寶攤子設在舊社會的娛樂場所中，比比皆是。如圖所繪，攤子上排著一溜撲克牌，分有不同的號碼。想押寶試試運氣的可任意下注。把錢押在任何一個牌號上，旁邊放著一個搖色子的筒子。寶押好了，莊家（攤主）就把兩隻色子放到筒子裏搖。搖完一扣，當場開寶。開出的點子如果與所押的號碼一樣，押主贏了，莊家加倍賠付。如果開出來的不是所押的號碼，那莊家就贏了。

拔火罐

　　拔火罐與針灸一樣，是我國民間盛行的一種物理治療疾病的方法。俗稱「拔罐子」，也叫「吸筒」。在《本草綱目拾遺》中稱為「火罐氣」。《外科正宗》中又叫「拔筒法」。其原理是利用機械的或加熱的方法，驅除罐內的空氣。利用空氣的負壓使罐吸附皮，在局部造成微小的皮下淤血。這種小創傷能刺激人體自身功能，從而達到治療的效果。迄今已有上千年的歷史。

　　古代中醫治療外科癰腫，起初，是用一種磨有小孔的牛角筒罩在患部來

排吸膿血。古籍中稱其為「角法」。用「角法」療疾病，最早的文字記載見於晉代葛洪所著的《肘後方》。後來牛角筒逐漸被竹罐、陶罐、玻璃罐所代替，治病範圍也從早期的外科癰腫，擴大到風濕痛、腰背肌肉勞損、頭痛、哮喘、腹痛、外傷淤血，以及風濕感冒和一切酸痛諸症。

　　拔火罐可以逐寒袪濕、疏通經絡、袪除淤滯、行氣活血、消腫止痛、拔毒瀉熱，具有調整人體的陰陽平衡、解除疲勞、增強體質的功能，以達到扶正袪邪、治癒疾病的目的。

　　民初，幹這一行的人很多。他們大多粗通醫理，或開店坐診或是搖鈴遊方。所供祖師爺是太上老君。他們把治病用的罐子視為祖師爺的老君爐，可以包治任何疑難雜症。用拔火罐治病雖然對多種疼痛有一定療效，但它只能作為一種輔助治療方法，並不能包治百病。

賣草藥

　　相傳神農氏嘗。百草，分五穀，不僅為世人鑒別出稻、菽、穀、稷，奠定了農業基礎，而且還為世人分出當歸、附子、天麻、白芍等種種草藥。用來治

療百病，開創了中醫中藥的先河。從此，採製草藥、售賣草藥就成了一個專門的行業。

中草藥主要由植物的根、莖、葉、果，動物的內臟、皮、骨、器官和礦物等組成。因為植物藥占中藥的大多數，所以中藥也稱中草藥。目前可以使用的已有五千多個品種。把各種藥材相互配伍而形成的方劑，就數不勝數了。中藥有「四氣五味「之分，「四氣」指藥性的寒、熱、溫、涼，「五味」指藥物的辛、酸、甘、苦。中草藥的氣、味不同，其療效也各異。在長期的實踐中，前人發現了許多著名的中草藥，如人參、靈芝、何首烏、枸杞、牛黃、熊膽、蛇毒等，對一些重症實有療效。

採草藥的人大多是農夫和山里人，他們沒有什麼高深的文化，有的甚至目不識丁。但憑著祖輩留傳的經驗，認識多種野生草藥，熟悉各種草藥的性能和它們的生長規律。以此業為生的人，每日早出晚歸，經山過嶺，多在漫無人跡之處採摘各種珍稀藥材。積得一定數目，草草加工之後，一總賣給藥店藥商。還有一類賣草藥的人，有一些文化，念過幾天書，會開一些常用的藥方。他們的衣著打扮儘量仿傚教書先生或看病的大夫，一邊行醫，一邊售賣草藥。

談相

「上天造物，必有其心。心神外化而得其形，故有「相由心生」之說。物分動靜，靜相得其神，動相得其心。故而看相批命、測字、算卦、批八字更易判其運程。」

「相是先天祖生，心是祖德加後天環境影響。」這都是看相人的口頭禪。他們說：「人的相貌分為三停，上停天庭，主祖上遺福或少年運。中停雙頰，主中年運。下停主晚年運。」又說：「眉看意志目是窗，鼻分貴賤嘴禍祿。」這些都是《麻衣神相》上開宗明義的理論。舊日看相的人對此書無不倒背如流。沒有口彩，那就吃不上這碗飯了。

其實，看相人所說的並非全無道理。人的相貌、骨骼、行動、氣質，與其生活環境、修養、地位是大有關係的。看相的都是老江湖，一看衣著、神態、便已把握三分。再一搭話，就把斷語說了出來，不怕問相的不服。他們說：「大凡觀人相貌，先觀骨骼，次看五行。量三停之長短，察面部之盈虧，觀眉目之清秀，看神氣之榮枯。取手足之薄厚，觀鬚髮之疏濁，量身材之長短，取五官

之有成。看六府之有就，取五嶽之歸朝，看倉庫之豐滿，觀陰陽之盛衰。看威儀之有無，辯形容之敦厚……貴富、貧賤、壽夭、窮通、榮枯、得失、流年、休咎，備皆周密。所相於人，萬無一失。」擺卦攤這一行要拜師學藝，經過師傅傳帶，把一些卦理訣竅研習明白才能入行執業。

扶乩

　　扶乩，又稱扶箕、扶鸞。其源自古代的祭祀占卜。古人有了疑難，就通過龜卜得到含有啟示性的讖緯書，來剖解疑團。魏晉時期，道教法師們承襲其技，採用扶乩降筆，造作經書。自此扶乩流傳起來。最早見著於文的是劉敬叔的《異苑》。時人通常在正月十五，在廁所或豬欄邊迎接紫姑神，觀查偶像的跳動。宋代的《夢溪筆談》亦有提及扶箕。當時迎廁神紫姑已是風尚。降神日期亦不只限於正月十五晚。後來，降筆的已不限於神仙、道士，也可是古代名人，《夷堅三志》卷三《沈承務紫姑》寫召迎紫姑之法：「以箕插筆，使兩人扶之，或書字於沙中。」扶箕漸成文人閑暇遊戲之事。

　　正如上文所述，扶乩的方法是借用帶有細沙的木盤，兩人合作，一支乩筆

插在細沙之上，假借神鬼名義，先作其形，充當神靈的替身。此外，還要擺設道場、奠設酒果，對神靈進行供奉。待一切排場安頓整齊，占卜者上香頓首，誠心叨念，請神靈祝辭。彼時，扶乩之人便會產生一種奇異的感覺，恍惚神來附體。「貌輝輝有色，即跳躞不住」。出現這種情況，說明扶乩的人已經進入了「失憶」的癡迷狀態。開始通神。通神之後，產生「心靈震顫」，使乩筆隨意描畫。這樣，沙上便顯出了文字，從字中得出某種啟示。

　　清末民初很多會道門都採用這種方法迷惑信眾。如「在理」「一貫」「皈一」諸會門，多講求「扶乩斷事」，扶乩之風甚囂塵上。及至新中國成立，政府明令取締「一貫道」，稱之為「反動會道門」之後，這種扶乩的迷信也就一掃而空，不復存在了。

跳大神

　　跳大神與「三仙姑關亡」同屬一個行業，都是迷信騙術、跳大神是讓活著的人和死去的人進行交流的一種形式。一種說法是源於古代的巫術，另一種

說法是由滿族的「跳薩滿」轉化而來的。

薩滿是滿族的巫師供奉的神祖。跳薩滿也就是巫師在祈神、祭禮、祛邪、治病，原本在東北流行，入清以後，跳薩滿的習俗也隨著清兵入關發展，經過上百年的變遷，薩滿舞逐漸漢化。漢人巫師借助漢族熟悉的神，譬如太乙真人、西天王母、太上老君、呂洞賓、何仙姑、張果老，甚至齊天大聖孫悟空，下界附身，替死人說話。

跳大神時，請神的先焚香禮佛，而後靜心叩拜。神婆在中堂打坐，不一會兒呵氣連天，便有神仙附體了。開始有問有答地與魂靈對話，其實，這都是迷信騙術。宣統年間《圖畫日報》有詩云：

關亡討口氣，妖巫真巧計；

本沒亡魂何處關，做勢裝腔好詫異。

呵欠連連眼忽開，自言召得鬼魂來。

最奇關著新亡婦，口叫親夫頭懶抬。

王世禎在《中國民情民俗搜奇》一書中說：「神婆故意扮成迷迷癡癡的狀態眼睛閉了，卻疏了一縫，在觀察顧客的神態，推測他們的心理。然後鑿大缺口，從心理學來講：仙姑巧妙地把握了本家人的心理訴求，使他們在「迷糊」之際，敞開心扉，解開閉鎖在內心中的情結和創傷。治療其心理，恢復平和。在沒有心理醫師的舊時代，神婆裝神鬧鬼地代替了他們的職能。

葫蘆靈

民國初年，上海灘有一位著名的相士綽號「葫蘆靈」。他在老城隍廟裏設館。門前掛著金字的「葫蘆靈」招牌。館中陳設十分高雅，滿堂硬木家私，正中的檀木桌上端端正正地供著一隻漆成大紅色的葫蘆。後邊牆壁上高懸楹聯，寫道：「一言為定，未來先知」。凡路過此館的人，莫不探頭窺望這隻葫蘆，心裏免不得嘀咕，「這個葫蘆裏面裝得是什麼藥呢？」

這位相士常在報紙上刊登廣告介紹自己，他的廣告詞編得很絕妙：

本人葫蘆靈，祖居在長安。遊歷經滬上，神遠意自偏。

華夷雜處地，處處隱機玄。拆字有上上，中下係元元。

玄妙在何處，一字一世緣。玄妙葫蘆裏，福至解倒懸。

其實，這裏是個測字館。館裏的測字先生忙得很，像西醫看病一樣，總在內室工作。凡來館求見先生的都在外間等候。外間另有一位先生作為招待，專

為客人沖茶倒水，陪著閒談。說是坐館先生正在裏間為預約客人講解八字，詳解命脈。先生可在此稍待片刻，待到裏邊說了一聲有請，客人方可入室測字。不論客人寫什麼字，先生往往一言中的，令客人吃驚歎服，甘以重金相酬。

後有小報記者披露，該館的外間沖茶倒水、陪聊的人，是「葫蘆靈」花錢雇用的眼線。中間有一隔牆，線人作陪吃茶之談，館主聆聽真切，三言兩語已洞悉來人原委，故而能在拆字之時斷事如神。

黃雀叼簽

黃雀叼簽是占卜算卦行中的一種，是借助禽鳥騙人的一個新花樣。舊日在都市的廟會，集市上都會看到這一行人。明知是騙局，卻偏偏有人愛上這個行當。其中一個原因，是覺得黃雀叼簽挺好玩的。幹這行的穿著長袍馬褂，乾淨文明。身前擺一個圓桌，桌上擺著一溜疊得整齊的紙簽，桌旁擺著一個精製的木架子，架上站著一隻漂亮的黃雀。這隻黃雀便是先生掙錢的資本。有人來算命時，算命先生一面問來人的出生年月、屬相，一面擺弄卦簽，說是洗

簽。口中念念有詞，打開黃雀脖子上的鎖鏈。黃雀飛了出來，張望一下，然後跳到卦簽上，用嘴銜出一張簽來。算命先生接過簽，立即賞給黃雀一小塊花生或粟粒吃。那黃雀便又回架子上。

　　算命先生表情神秘地打開卦簽，上面果然畫著與前來算命者歲數相當的男人、女人、老人或小孩。並且上面還寫有批語，批語都是模棱兩可、似是而非的簽語。經算命先生一解釋，可以使人信服得五體投地。面對黃雀如此「高明」的靈性來算卦的人，只有心甘情願地掏錢。

　　黃雀真的會算命嗎？當然不會。這全是算命先生調教出來的。平時不讓黃雀吃飽，當餵黃雀吃食時，把粟子或花生米碎塊黏在卦簽上，黃雀看見粟子急忙去吃，經過日久天長的訓練，黃雀便會叼簽了。即使簽上只有一個小黑點，它也會把小黑點當作粟子，把那張簽銜出來。李聲振《百戲竹枝詞》有詩云：

　　　馴雀筠籠識性靈，賺人爭向問枯榮；
　　　從教舍爾靈龜去，巧舌閒抽太吳經。

文王課

　　文王課也叫金錢卦，是舊社會最普通的一種占卜形式。據說這種卦是周文王的發明，故而稱為「文王課」。

　　此卦的理論並不複雜，占卜的方法也很簡單，用搖六次銅錢的方法起出本卦及變卦後，卜師再問卜人的年月日干支，換算神煞星曜。由代表本人的世爻和代表對方的應爻，利用陰陽五行取出相應的官鬼爻、父母爻、兄弟爻、子孫爻、財爻。依各爻五行之強弱旺衰、沖剋刑合，再由問卜者所欲問之事，對照相關之爻及變卦強弱，作綜合判斷，予以分辨事情未來發展預測。

　　據考，明代市面上就有《文王課》的刊刻本發行。到了清代末年，此書更是隨處都可以買到。有文化的、認識倆字的，自己可以對書問卜。不識字的則可以到盲人卦攤上去占卜。方法很簡單，用三枚銅錢依其正、反面訂為陰陽。求卜者用龜殼連續搖擲錢幣六次，以所得錢幣陰陽面的不同，由下至上得出卦形。認明六十四卦之序，便可照本宣科地說出斷語。

　　譬如，卜者搖的是「乾為天卦」卦式，卦辭便是：

困龍得水好運交，不由喜氣上眉梢。

一切謀望皆如意，向後時運漸漸高。

即可得出推斷，「詞訟凶吉、病人痊癒、功名有成、求名大吉」等等。如果是「天風卦」，卦辭便是：「他鄉遇友喜氣歡，須知運氣福重添。自今交了順當運，向後保管不相干。」準與不準，信與不信，則是另一回事了。

點痦子

痦子是人的皮膚上長的一種色素痣，常見於人的臉上、頸上等部位。多數是在嬰兒期就出現，長大之後漸為明顯，人們管它叫痦子。一般說來，痦子都是良性的。它生長得緩慢，於人無害。若是不太影響容貌，就不應過慮。

舊社會有一行人專在這方面做文章，他們把人的臉部、頸部畫了一大圖，在不同部位畫上黑色的痦子，並且一一取上名字。什麼「黑虎痣」「青龍痣」「薄命痣」「方親痣」等等，好不熱鬧。他們把圖高高地掛在廟會、集市人多的地方，便於人們觀看，對號入座。當有人對自己臉上的痦子生疑的時候，點痦子的就拿著一個小鏡子走上前來，耐心地向他說明哪個痣好，要保留。哪個

痣不好，將來危親傷友，影響前途，絕不可留。問他何以去除？他就拿過一小瓶自己配的白色藥膏，用一個小竹籤沾上一點，點在要除去的痦子上。還一再囑咐，不要洗臉，別動它。三天以後會結痂，自己就會掉下來。

　　張次溪先生在《天橋叢談》中，對點痦子這一行有著深刻的描寫。他說：「天橋做這種生意的，大概有十家的樣子。他們都是擺一張小小的四方桌在路旁，桌上插一根竿子，挑著一塊白布。布上畫一個極大的人臉，臉上畫了許許多多的痣與瘊子，旁邊並用小字注明每個痦子的好壞。不少人都當場點痣，花點兒錢消除自己的疑心病。其實，這一行也是騙局。所用之藥是煮熟的糯米加石灰合成的膏劑，用來燒炙皮膚。痦子掉後，皮膚上會留下淺淺的麻子坑。

賣臭蟲藥

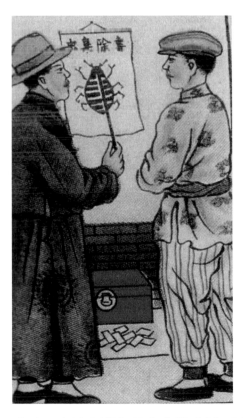

　　臭蟲又稱床虱、壁虱，它是專門靠吸食人體血液而生存、繁殖的一種寄生蟲。臭蟲有一對臭腺，能分泌一種臭液。凡臭蟲爬過的地方，都留下難聞的臭氣。人類對其生厭，每有發現必除之而後快。

相聲大王馬三立說過這麼一段相聲：「一書生睡床被臭蟲所擾，夜夜難以入眠，只得上街尋找臭蟲藥。正遇一小販在賣藥，書生購藥時，小販唾沫橫飛地保證，藥效特佳，無效退款。是夜，書生將藥撒於床上，但覺臭蟲更加猖獗，鬧得一夜無眠。第二天書生上街與小販評理，小販說是你未按我的說明書用藥。此時書生才發現包藥紙上確有一行小字，用法：捉住臭蟲，掰開其嘴，將藥灌入口中。保證有效。」令人聽後無不噴飯。它說明舊社會衛生條件不好，臭蟲不僅猖獗，而且很難根治。

臭蟲一般都隱匿於人們住所的床架、帳頂四角、牆壁、天花板、桌。椅、書架、被子褥子、草墊、床席等縫隙和糊牆紙的後面。畫伏夜出，憑藉刺吸式的口器嗜吸人血。人被臭蟲叮咬後，常引起皮膚髮癢，傷口出現紅腫，搔破後念引起細菌感染。臭蟲還會傳播多種疾病，是一大害蟲。

民初，市面上出現了一種從日本進口的洋藥，很靈驗。可是，一開始國人並不認可，認為是蒙人的貨。賣臭蟲藥的人很文明，他們衣著整齊，在牆壁上畫一張圖，向路人講解臭蟲的害處。教授消滅臭蟲的方法。勸人購買這種洋藥粉，且信誓旦旦地保證，使用此藥撒入臭蟲存活之處，保證不逾三日，臭蟲全除。

當舖

當舖在我國出現得很早，文獻所載：南北朝時期，皇帝就批准佛教寺院可以開辦「寺庫」，以增加寺院的收入，解決僧眾的衣食問題。他們可以收取不動產作為抵押，向對方放債。這種「典當生利」的經營形式，唐代稱之為「質當」。宋代稱為「長生庫」。元明時期，始稱為「當舖」。

民間傚仿這種辦法，由私人獨資或合夥經營，其資本多為豪紳富戶投放。例如《金瓶梅》中，西門大官人開的當舖就很具規模了。老式的當舖門前的牆上，都寫有一個大大的「當」字，以為廣告。門前修有高高的木柵欄，為的是防止意外和暴民哄搶，純屬自衛之用。但是，這種形式總給人一種神秘森嚴的感覺。

大當舖的經營範圍較廣，不僅平民百姓前來質押，不少富有之家，有時因為銀錢周轉不靈，也往往加入典當，以應急需。清代京都的當舖最發達，比如，北京定期舉行科考，各地舉子雲集京師，他們所帶銀兩不夠，就將隨身攜帶的珍貴物品送交當舖典當，換取現金。再如，很多來北京述職的封疆大吏，

或者等待引見的候補官員，他們除了在京花費外，臨行之前，還須要到各處應酬打點，所帶銀錢不敷周轉，免不了也要求助當鋪。

當鋪的利潤很大，大多是乘人之危，發不義之財。當鋪的息錢分為三等，十兩以上者，每月一分五釐息錢。一兩以上者，每月二分息。一兩以下者，每月三分息。利息按月計算。超過幾天也按一月取息。到一定時期不能取贖的，即變成死當，質品由當鋪沒收。不少人都說當鋪是個鬼門關。「一進典當門，不死也剝皮。」

西捕

1843 年上海被開闢為通商口岸，外國冒險家紛至沓來，要求在上海購地建房。清政府上海道臺宮慕久與英國領事巴富爾簽署了《上海租地章程》。從此，租界成了外國侵略者在上海的「國中之國」。租界為了保護洋人的利益和安全，就組織了武裝力量——萬國商團。還有艦隊水兵營與巡捕房。

巡捕也就是警察，起先一律由西人擔任，俗稱為西捕或西警。但是，西捕

在辦案時有種種侷限，比如微服偵查，其相貌特徵根本無法掩飾。又比如去公共場所辦案，因為語言障礙造成的困難也難以克服，再加上租界裏有許多華人幫會組織，西捕亦很難深入進去。同時也難以物色合適的人選充做耳目。破案效率不高，不能有效地維護租界治安。

　　1870 年後，改為允許華人充任巡捕，俗稱華捕。華捕大顯身手，以熟知內情，率先破獲了不少積案，深得上司的賞識和重用。警察制度的設立，本身是社會進步與文明的一種表現。從科學的角度說，西捕的出現也給封建的舊中國在推行現代法制中，起到了一定的示範作用。當然，西捕也帶來了種種弊端。外僑都享有特殊待遇的「治外法權」，洋人在中國犯了罪，中國政府無權處理。但中國人若在租界內犯了事，西捕卻有權緝捕、拘審、懲治，這些西警驕橫傲慢，操槍持械，不可一世地巡行在租界裏，彈壓欺負華人。國人敢怒而不敢言。工部局巡捕房的設立也有好的一面。例如，著名的《蘇報案》，巡捕房就保護了革命軍「馬前卒」鄒容和革命先驅章太炎。

警察

　　警察一詞是從日文中引進的。清光緒三十一年，上海道臺袁樹勳經兩江總督批准，仿照日本制度設立了「上海警察學堂」，這是中國第一所警察學校。學員從「撫標滬軍營」中挑選。經三個月強化訓練後畢業，組成了「警察總巡局」，替代了舊的保甲總局。警官、警員全部由國人充任。警容、警紀面目一新，使當地的社會治安和交通秩序卓見成效。

　　北洋軍閥袁世凱亦率先運用了這一機制。1902 年他從八國聯軍「都統衙門」手裏接收天津之後，在海防公所建立了巡警局。負責金鋼橋南、北地區的治安。這支警察隊在八國聯軍的淫威下，特立獨行、威風颯颯。也起到了警衛京師的作用。其職責「畫區域，清戶口，督率官弁兵丁晝夜巡守」，十分嚴謹規範。慈禧太后和光緒「小站閱兵」的前後，這支警察部隊負責警衛，深得太后嘉許。1905 年，清廷在袁世凱建議下，批准設立巡警部，由徐世昌、趙秉鈞分任尚書、侍郎。巡警制度由此在各省推行。不久，武漢、南京等諸大城市亦都相繼建立了警察機構。到了民國就沿承了下來。

　　最初警察的職責是「去民害，衛民生，檢非違，索罪犯」。機構完全仿照

西方和日本警察機關。充當警員的條件有七條：「一須年在二十歲以上，三十歲以下者。二須曾經讀書識字、粗通文理者。三須身體強健，能耐勞苦者。四須性質和平，不尚血氣者。五須有保人。六須考驗。七不准以曾經犯罪之人充當。」但民國時期政治腐敗，警察在人們心目中的形象日遭輕賤。

紅頭阿三

　　清季，上海工部局成立了巡捕房，以衛護租界的地方治安。一開始全部招聘白種人充任巡捕，待遇十分優厚。後來，由於編制擴大，還招聘了許多印度人充當巡捕，藉以降低開支。因為印籍巡捕頭上皆纏有紅巾，俗稱「紅頭阿三」。印度人是英國的亡國奴，在上海人眼中的地位低於西捕和華捕而名列第三。

　　印度籍巡捕是經過精心挑選的印度錫克族人，他們人高馬大，滿臉虯鬚，令人望而生畏。所以大多充當巡警、獄警與交通警。

　　「紅頭阿三」來自英國殖民地，對英國人十分忠實。他們在值勤時，辦事認真，嚴謹奉公，一絲不苟。但也有狗仗人勢。整天警棍亂舞，動不動雷霆大作，讓上海的平民百姓吃足了苦頭。特別是那些攤販與車夫，為了謀生，時常

違規佔據街頭兜攬生意，為此挨「紅頭阿三」的警棍與皮靴更是家常便飯。時人有《竹枝詞》嘲諷「阿三發威」：

為虎作倀紅阿三，亡國之奴有靠山。

見人無緣操大棒，見鬼立正獻媚酸。

小商小販罪何有，黃包車夫淚闌干。

只為家人掙口飯，遭它荼毒為哪般。

法租界在這方面做法與英租界大致相同。他們「進口」的是安南巡捕。用的都是越南人。他們持械巡邏時，雖然沒有「紅頭阿三」那麼威風，可打起人來比「紅頭阿三」更加兇狠。

灰大褂

在老舍寫的《茶館》中有兩個看似不起眼的人物，一個叫宋恩子，一個叫吳祥子。他們身穿灰大褂，側身於人多嘴雜之處，專門盯梢發牢騷、形跡可疑、圖謀不軌和對政府不滿的人。頭場戲，這二位就把敢於仗義執言的常四爺和膽小怕事的松二爺一同帶進衙門裏吃官司去了。第二場，這二位改換了門

庭，「微服私訪」，又把兩名逃兵懷裏的現大洋，愣是搶走了一大半。這些都充分地表現出這行人的貪婪、蠻橫和霸道。要問他們是幹什麼的，他們會滿不在乎地告訴你：「有皇上的時候，我們給皇上效力。有大總統的時候，我們給袁大總統效力。坦而言之，誰給飯吃，咱們給誰效力。」老舍先生說他們是「貴族爪牙」一點不假。第二幕，這二位則是「軍閥爪牙」。「有奶就是娘，半點不含糊」。這二位的工作就是衙門口的細作。用現代話講叫便衣偵探。

　　這一行的歷史來源已久。明代的「東廠」可算是這一行的老祖宗。明成祖朱棣為了鎮壓政治上的反對力量，設立了「東緝事廠」的新官署，任命所寵信宦官擔任首領，負責偵緝工作的是役長和番役，役長相當於小隊長，又叫檔頭、番役，也叫幹事。這些人是由錦衣衛中挑選出的精幹分子組成。他們有細緻的分工，監視朝中各部官員。會審大獄及錦衣衛拷訊罪犯的，名為「聽記」。在各處地方官府訪緝的，名為「坐記」。監視地方官員，連普通百姓的日常生活亦在偵察範圍之內。這種組織實系統治者的鷹犬爪牙。

包打聽

　　《上海方言詞典》解釋「包打聽」是「帝國主義國家在舊中國租界內的密探」，是個貶義詞。凡是幹這行的基本上都是帝國主義和有權有勢者的走狗。沒錢沒勢甭想要他們給你打聽什麼。因此，昔日百姓一聽到「包打聽」就嗤之以鼻。

　　包打聽冶這一行是殖民地的一種產物，上海公共租界成立了巡捕房維護治安。巡捕房為了瞭解下情和偵破案件，便雇傭了許多中國密探或線人。他們的衣著混同於平民百姓，經常出沒於茶館酒樓等人群聚集之地，留意別人閒談中的信息，從中刺探隱私，發現線索，偵破案情。「包打聽」這一行不僅為巡捕房服務，而且還為任何一位給付報酬的委託人服務。

　　這一行的鼻祖應該算是上海聞人黃金榮。在 1952 年鎮反期間，黃金榮在上海《文匯報》上刊登了一篇《自述悔過書》，書中寫道：「立坦白悔過書人黃金榮，又名錦鏞。上海人，年八十四歲，住龍門路一四五弄一號。小時候在私塾讀書，十七歲在城隍廟妹夫開的裱畫店裏學生意。廿歲滿師。在南門城內一家裱畫店做生意。五年後，因為覺得沒有出息，就去投考法租界巡捕房包打聽。考進後，就派到大自鳴鐘巡捕房做事。那年我廿六歲。後來因為我幾次破了盜案，升了探長。在五十歲時候升了督察長。在租界時候，巡捕房是外國人專制管理的。租界裏的百姓，因為我是巡捕房裏包打聽，都認為我有法子與外國人接近。講得上話。所以賣煙土的，開賭臺的人都來與我商量。託我去運動法國頭腦能求太平等事體。成功後，他們送些錢謝我。還有一輩子做生意的人，因為怕被人欺侮，也託人介紹拜我做先生。」足見，幹這一行的人可通天通地，實在不可一世。

賣凍

　　舊社會，有一類要飯的乞丐，在隆冬臘月北風呼嘯之時，專門跪在鬧市的大風口上，赤裸著上身，雙臂緊抱，可憐兮兮地向行人乞討。身著皮裘、棉祆的行人，在寒風中猶自覺得很冷。一看這些精赤的乞丐，更覺心中不忍，給吃的給吃的，給錢的給錢，勸他們找一處地方避避寒。還有婦人之心者，送給他們一些舊衣裳叫他們避寒。其不知，赤膊挨凍是他們的一種謀生手段。剛給他穿上衣服，一轉眼他就又脫了下來，另換一處地方故技重演。門內人管這一行叫作「賣凍」。

　　如民初華成煙草公司出版的這張煙畫，背子有說明寫道：「每逢冬令，一老人或一小孩跪在地下，上身赤膊賣凍討錢。路人不知，以為可憐。其實是騙

人。這些乞丐吃了少許砒霜，肚內作熱，是不怕凍的。」此說確與不確，尚待
細考。但舊社會「賣凍」之術還是有些秘傳的。

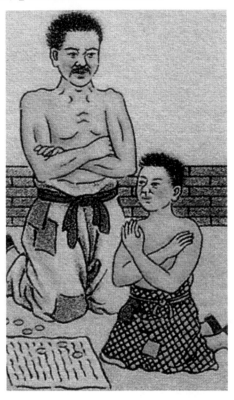

張次溪在《天橋叢談》中說：「有一個奇怪的拐子，在天橋很久，可是好
些人卻不知道他姓名。因為他永遠不說話。拐子是一個告地狀，整天跪在露天
地裏，無冬歷夏赤裸著上身。鰲黑的肉皮，方方的面龐，垂目合掌，恰好如一
個羅漢。冬季他也不穿衣服，瑞雪飄時，他光著脊背，任憑冷風吹著他的肌
膚。夏季則咚地跪在烈日之下。這還不算，耐寒耐暑也算一種能耐。最令人瞧
著難過的，就是他那光油油的頭頂，能頂著二十多塊青磚。以重量說足有一百
斤以上。他將磚塊一摞頂起來，遠而觀之若小塔一般。工夫練得不淺。每人看
他可憐，擲他一些小錢，他則嘴巴一努，仍不言語。

背老小

孔尚任《燕九竹枝詞》有《詠乞兒》一首：

金橋玉洞隔凡塵，藏得乞兒疥癩身；

絕粒三旬無處訴，被人指作丘長春。

　　舊時都市貧富分明，有錢的「朱門酒肉臭」，沒錢的「路有凍死骨」。一遇荒年，饑民湧入城市，無親友可投靠，無長技以謀生，多流為「背老小」的乞丐，沿街乞食為生。討得著的，混過一日，討不著的就只能餓飯，當了七日不食的「丘長春」。好施樂善的人，多是惜老憐幼，對老年乞丐和年幼的丐童多加施捨。而中年的乞丐往往一天也得不到一點水米。因之，中年乞丐往往要背老攜幼一同乞討。人們憐其孝道，反而多有收穫。這樣，丐幫中的中年男乞多要攜一老一少一起行乞。這一老一少不必是自己的父母兒女，但要裝成一家人，一同上路。要起飯來就容易得多了。時人管這種組合叫做「背老小」。有的不良乞丐，藉此盤剝弱乞，搶奪老小口中的殘羹剩飯。不過「家有家規，國有國法」，丐幫中的團頭對屬下的這類不良行為，也是從不姑息的。一經老小舉報，要用「家法」處治。所謂家法，就是一柄漆有官印的大竹板，所謂處治，那就是打屁股。

　　進入民國以後，丐幫的團頭制度已被取消。天津丐幫中曾出現過一種自發的「乞丐互助會」，群丐選出會長，丐幫的內中糾紛由會長負責處理。據天津《小實報》刊登過的一則消息說：彼時「乞丐互助會」的活動力很大，他們

的會長曾多次織織丐幫到商會請願，要求商會通知商家施捨零錢增加一倍，商會表示無法推行。建議可以介紹他們去幹活。但丐幫以老小居多，堅決不去。

告地狀

告地狀本不是一個行當，更不是一種職業。往往是一些有苦無人說，有冤無處申訴的人，出於無奈，把冤枉寫於布上，以取得輿論的同情或經濟上的資助。

人們常在鬧市上看一種人，衣著襤褸，神情慘淡地立在路邊。跟前攤著一張寫滿字跡的白布，角上放著一隻瓷碗，裏面有些分幣和小鈔。地狀上所寫的內容，多是「被人欺凌，家破人亡，無門申訴，冤沉海底等語。也有上寫「家中父母重病在身，但家貧如洗，無力行孝，乞求社幫助」的。言詞淒切，引人同情。由此，也能得到過路行人的一些資助。

告地狀申訴或求助的事情原本古來有之。有時也會得到同情者的巨臂幫助。但世風不古，有很多無賴之徒百無聊賴之中，以告地狀的方式騙人錢鈔。人們對告地狀的真實身份和遭遇無處查考，使得流民懶漢混跡其間，編些謊

話騙人。社會不察，致使告假地狀的竟成了一種謀生的行當。

作為「窮家行」，告地狀的稱自己是「告幫」。祖師爺是范冉。相傳孔子在陳蔡絕糧，他叫弟子顏回到范冉處請求周濟。范冉正在地上低頭寫字，說借糧是沒問題，只是先得考考你。答得上來便借，回答不上來那就不借。范冉問：「天上啥多啥少？」顏回答「天上星星多日月少」，范冉點頭稱是。又問道：「塵世間啥歡喜啥煩惱？」顏回答以「娶媳婦歡喜死人惱」，范冉說不對。結果糧未借到。顏回迴向孔子彙報。孔子聽罷，面授顏回機宜。囑其再往。范冉又問第二道題。顏回答曰：「借錢歡喜還賬惱。」范冉點頭稱是。便借給顏回一小口袋糧食，拿回之後，倒之不竭，食之不盡，讓孔子師徒渡過了難關。

割手腕

舊社會還有這麼一行人，他們衣著為道士打扮。頭頂束髮綰簪，身穿青藍道袍，足下布襪芒鞋，胸前十字披紅。

背上繫著一尊祖師畫像，上邊畫的是「太上老君」，也有的說是「太乙真人」。顯然是一位出世的道士。

這行人的行為十分奇怪，說是四方雲遊化緣，為的是給某某道觀塑神修

殿，手段卻是十分殘忍嚇人。他們的左手腕永遠是血淋淋的，手腕一側皮肉被一鐵籤子刺穿，鐵籤子下面還墜著一隻銅鐃，鐃上繫以紅綢。右手持一竹棍，邊走邊擊打銅鐃，發出嚓嚓的響聲。觀者無不稱奇。膽子小的都不忍觀看。

　　這行人化緣不是在集市廟會，而是專門找商家店鋪，進得門去，也不管有沒有顧客，直奔賬房櫃檯。單手合十，也不抬頭，口中念念有詞，開始募化。賬房先生怕他影響買賣，便好歹從抽屜裏拿出一些零錢作為布施，讓夥計們打發他出去。這行人倒也自覺，得錢後轉身即退出店門，再到下一家募化去了。

　　這路人屬於古代的「苦行者」。所謂「苦行者」是指早期印度一些宗教中以苦行為修行手段的僧人。苦行的主要手段遙傳入中國之後，僧、道兩門的修行者多為傚仿。例如僧人的「燃指」、道人的「割腕」，全屬於這種行徑。苦行者心念佛經道典，旁若無事，從不言痛，連眉頭都不皺一皺。都是以自殘的形式表示自己對信仰的虔誠，以感化人心。

唱乞

舊社會，街頭賣唱討生活的很多，譬如北方唱蓮花落、太平歌詞、什不閒、打花鼓、霸王鞭，南方唱道情、唱灘簧、來一段、唱新聞等，大都二人成檔，三人成夥。唱罷收錢。還算是江湖上吃開口飯的。這些人的衣著還比較整齊，手中還有些樂器道具。

而在街頭上賣唱乞討的可就算不上藝人了。他們衣衫襤褸、蓬頭垢面、行動齷齪，雖說也拉也唱，但多是樂不成調、曲不成聲，好似杜甫所說的「嘔啞嘲哳難為聽」。這些賣唱的就屬於乞丐一行。他們拉的不行，唱得更不行，因此也就沒人要聽，沒有人聽就乞不到錢。乞不到錢，他們就纏著行人不讓走，給市容環境帶來很多的麻煩。

這一行人還吃「死人飯」。過去到人家死人後，都要斂入棺材發喪土葬。送葬隊伍中，除了死者的親屬隨靈送殯之外，還需要有抬棺的、撐幡的、買水的、提燈籠的等一干人幫襯幹活。這些人都是從儀仗鋪裏雇傭來的，儀仗鋪的管事把一些賣唱乞討的流民、乞丐招呼到一起，讓他們穿上白袍子，繫上白布腰帶，披麻戴孝地充當此役。人們將幹這一行的叫「擔幡買水辦白事的」。他們在入殮、摔盆、起棺、下喪時，都要隨著本家狂哭海嚎一番。如果哭得有滋有味，再帶上點兒腔調，那更是求之不得的了。辦完喪事後，這一行人要清掃死人生前用過的東西，分發死人穿過的衣服、鞋帽、睡過的被子蚊帳等。打掃完畢，可以白吃一頓「死人飯」，再拿一份酬金。

賣小孩

在北方生活過的人，大概都聽說過「拍花子」這個詞。很多老人在嚇唬不聽話的小孩時還會說：「再不聽話，就讓拍花子把你帶走。」小孩一聽就嚇得乖乖的。什麼是拍花子呢？拍花子就是用迷魂藥搶騙小孩的人，也就是拐賣兒童的人販子。據說，他們利用各種手段把小孩兒拐走，或是賣到外地，或是取走孩子身上的器官賣錢。還有的說，他們會拿小孩兒肉去喂鷹。當然，這裡有大人嚇唬小孩的成份。但他們拐賣兒童確實屬實。

舊社會貧富懸殊，一些無賴之徒出沒市井之中，在大人不留心的時候，專門偷褓褓、拐騙小孩。而後冒充饑民，販賣孩子。他們把偷來的孩子帶到外地或偏遠的城鎮，謊稱是自己的親生子女，因生活所迫無力撫養才忍痛賣出，為孩子找個好人家。不要再跟著自己受苦了。若遇到心地善良而又膝前無子女的人，就會把孩子買回家去育養。拍花子的這麼一搗鬼，從中就賺人不少錢

鈔。這類倒賣兒童的人往往是成群搭夥的，有謀劃、有分工，有的先在外邊找好了買主兒，說好了男女價錢，而後通知拍花子找目標，下手偷人。得手後幾度轉移易手，最終交付買主。得錢後，按一定的比例分成。至於丟失孩子家庭的痛苦、死活，他們就全然不顧了。

馬溜子

「馬溜子」是南方方言中的一句土話。是對假扮僧人混飯吃的游手好閒之徒的一種蔑稱。舊日，蘇杭一帶寺廟林立，香火繁盛。寺廟供養豐富，僧人生活閒散安逸，引得無數無知之徒身著僧人鞋履，手持一鉢一經，謊稱自己曾在山東、山西某寺某院剃度。反正也沒有檔案可查，作為遊方僧進廟吃廟，遇僧吃僧。一到寺院開飯的時候，這些人就接踵而至。主持拒之不得，驅之不得，弄得廟裏的真和尚們不堪其擾，叫苦不迭。蘇杭一帶這種人特別多，人們大多知道他們的無賴行徑，本不把他們當人看。他們亦自暴自棄，不顧羞恥地蒙吃蒙喝，無所不為。所以，人們都叫這一行人「馬溜子」。

在靈隱出家的弘一法師，一生做的事情很多，最奇特的是他還能教化馬溜子。有一些馬溜子常到靈隱寺去看他，他待他們也很客氣，常布施他們一些好飯食、好衣服。同時，也說上幾句佛法來感化他們。但這些人不為所動，依然我行我素，不斷相擾。有一天，弘一法師光著屁股坐在靈隱寺裏的石頭臺階上打坐，這幫馬溜子都擁上來問其緣故。法師慢聲慢氣地說：「剛才碰到了馬溜子，他向我要褲子。沒辦法，我就把褲子脫給他了。」一句話，說得這些人面生慚色。日後改悔了很多。北方干這種事兒的混混也不少，叫「飯單」。他們穿著僧尼的服裝，走到哪兒就混到哪兒。你要問他哪裏出身？他會將偏遠的寺廟亂說一氣，反正也無法核查。

賣假鐲子

有一本小說寫了這麼一個情節，一個小夥子逛舊貨攤，看到一隻漂亮的鐲子。看攤的馬上說：「絕對不是金銀銅鐵做的。你有興趣的話買去研究研究。」小夥子問：「這東西多少錢？」看攤的擺出一臉割肉出血的表情說：「三百塊錢拿去。」小夥子把鐲子扔下就走，老闆馬上說：「別走啊！價錢好商量

嘛！一百怎麼樣？」小夥子心中不爽，故意想開個低價給老闆一個難堪。就說：「十塊。」沒想到，那老闆絲毫沒有猶豫。「賣了，賣了。今天還沒開過張呢！」小夥子一愣，原話收回多沒面子，於是把鐲子買下，付錢走人。但是，拿回家去仔細一看，是個蠟做的假鐲子。這種事兒並不是虛構的。在舊社會，這是騙術中的一種。如圖所繪，一個小童舉著一個蠟鐲子，與一個打鼓兒收舊貨的小販大聲交易。一個要賣，一個假裝不要。打價還價之聲，故意說給路上行人。」只要有人圍上來看，小童就故作鬼祟地說，這只鐲子是他從家中偷出來的。給錢就賣。打鼓兒的故意往下壓價兒，圍觀的人不知就理，希圖便宜，只要一搭話問價錢，這只鐲子就算是賣給他了。小童接過錢來，掉頭就跑。待買主看出來是假貨，明白上當了。再找打鼓兒的和小童，就都找不著了。

賣假玉鐲子這一行的，還有人扮成尼姑，手拿捏著一副鐲子，在市場路邊一言不發。有問訊的，她便說：玉鐲如同護身符，戴在腕上保平安。還說：這只玉鐲是經佛祖開過光的，有緣才能識貨。矇騙的對象多是中老年婦女。

挑牙蟲

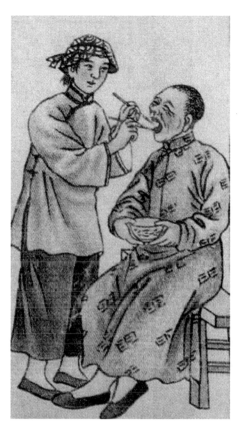

　　黃梅戲有一齣傳統的小戲名叫《逃水荒》。主人公是一位年方二八的姑娘，她在戲中唱出她一家七口逃荒時的生活情景：

　　　　我哥哥每日裏道情來唱，

　　　　我嫂嫂打花鼓帶打連廂。

　　　　我姐姐留人家去做針線，

　　　　我妹妹在外面幫人家洗漿。

　　　　老公公在外面測字看相，

　　　　老婆婆挑牙蟲苦度時光。

　　　　舊社會挑牙蟲還真算是一個行當。

　　「牙痛不是病，痛起來真要命。」這是一句人們常說的老話。生活中的確如此，牙一痛，火燒火燎的，既不能吃東西，也不能喝水。嚴重時連覺都睡不好。舊社會缺醫少藥，專科的牙醫更為缺少。因此，挑牙蟲這一行人便應運而生。

　　挑牙蟲的人有男有女，他們背著一個布袋子，走街串巷，挨家挨戶兜攬生意。當時害牙痛病的人也多，特別是老年人和小孩子。老年人牙齒壞了，小孩子「蟲吃牙」都鬧疼。攬上活兒，挑牙蟲的就讓他們在凳子上坐好，端一碗清水放在身旁。而後，從布袋裏拿出兩支尖尖的小木棍兒。在病人的口腔中左挑右挑，不一會兒就挑出來。將小棍兒往水中一放，便有白色小蟲在碗中漂浮起來。病人看後以為真的解決了病根兒。其實那並不是牙蟲，而是一種樹漿，特別像小蟲子在水中蠕動。完全是一種騙局。挑牙蟲的一走，依然會牙疼不止。

小絡

　　清淨香居主人《都門竹枝詞》有一首寫小絡的詩：

　　　衣冠楚楚上前街，背後無聲小絡來。

　　　扇子荷包都剪去，先生猶自賣癡呆。

　　小絡也稱小偷、扒手。同治年間此業盛行。專事偷盜的這一行自古有之。技藝高超的，如「雞鳴狗盜」之徒，還得到孟嘗君的禮賢，享受食客的待遇。

次之，如三盜九龍杯的楊香武，夜慣輕行的「鼓上蚤」時遷之輩，也多活躍於前代的文學作品之中。這等職業對社會騷擾極大。

《東華瑣尋》一書稱：「京城歲時廟會、以遊人填塞，故多草竊剪絡之事。蓋乘人不覺，以剪竊物。其術百端，其徒極眾。且出沒不時，雖有巡緝、街市兵卒，每難以弋獲。」

齊如山先生為深入瞭解這一行的門徑，刻意向門里人求教，始得冰山一角。要以小絡為業者，必先由行裏頭面人物引薦。師傅若應諾先見見。便由薦舉人將後學引至家中。一不叩頭，二不拜師，留在師傅家中居住。給師傅師母幹些雜務活兒。師傅在一旁側目相看。經個月期程，師傅看清了這孩子的手腳長短、脾氣秉性、待人接物、聰明與否，才決定收不收這個徒弟。不是這個材料，即向中人說明原委，將人領走。如果決定收徒，再由中人寫契約，三拜九叩正式拜師。寫好的契約，畫押後，囑徒弟朗讀一遍，當時燒毀、儀式完畢，留下一位大師哥，師傅親自示範，或「雁過拔毛」，或「順手牽羊」，在眾目睽睽之下，探囊取物、隨心所欲，如同變戲法兒一般，算上一課。且講明業規：饑人購米之錢，急人買藥之錢。購置棺材之錢，不偷。囑徒弟牢記。

套皮箱

民初上海出版的《遊戲畫報》上，曾刊有一首打油詩，描寫野套皮箱的行經。

近來小絡本事高，不偷錢包偷皮包。

專尋腫腹大肥羊，一箱套他幾萬鈔。

這裡所說套皮箱的屬於小絡行中的一支。但與小絡不同。在行竊中必須借助一種「砌末」道具，就是一個有底兒的大皮箱。幹這一行的外出偷絡時，要麼身穿緞子長衫、頭戴禮帽，儼然大亨模樣。要麼是油頭粉面、西服革履，一派闊少打扮。他們手提著這只沒底兒的皮箱在飛機場、火車站，輪船碼頭或旅館飯店一帶人多的地方轉悠。提著箱子外出的旅客就是他們伺機下手的目標。

他們管這些人叫「肥羊」。一旦這隻「肥羊」大意，或是購物，或是解手，只要把手提的皮箱放置地下，套箱子的就提著「砌末」湊上前去，趁其不備，把「砌末」放在他的皮箱之上，用手一按，正好把「肥羊」的箱子套住，順手一提，用機關卡子把套中的箱子夾住，一轉身便揚首闊步離去。這一情節在電

影《三毛流浪記》的一開頭就有表現。待「肥羊」發現自己的箱子沒了，頓足捶胸，早已悔之已晚。

流氓

清末貢生秦榮光在《上海縣竹枝詞》中有寫有「流氓」一詩：

六十年來更不堪，流氓遊勇滿淞南；

三經兵燹三回變，俗益囂凌試略談。

提到「流氓」一詞，誰都不陌生，但是細究起來，卻很難給它下一個準確的定義。據《中文大辭典》解釋：「今謂擾亂社會秩序安寧、專事不良行為者，亦曰流氓。流氓與無賴同。」也就是說：流氓，除了指居無定所的流浪者，同時也是擾亂社會治安的莠民。

流氓與無賴在我國自古有之。如劉邦、韓信、朱元璋之流，這些人在未出山成勢之前，本身都是些不務正業、為非作歹的人。到了宋、明時期，施耐庵的《水滸傳》，蘭陵笑笑生筆下《金瓶梅詞話》中的大大小小的流氓形象，更是不乏其人。比如，西門慶的淫邪橫暴，應花子的油嘴滑舌，謝希大的夤緣鑽

刺，孫寡嘴的死乞白賴，「過街鼠」的陰險兇殘，「坐地虎」的撒潑行賴，王婆的機變貪狠，五花八門，各具特色。他們幹的都是見不得人的勾當。

到了近代，尤其鴉片戰爭之後，上海出現了畸形繁榮，破產的流民紛紛湧入城市。「流氓」成了都市生活中底層的一種社會群體。他們結幫搭夥，在豪富明裏暗裏的支持指頤之下，幹著種種非法的、滋擾社會的行徑。徐珂在《清稗類鈔》中說：「此類隨地皆有，京師謂之混混，杭州謂之光棍，揚州謂之青皮，名雖各異，其實一也。」他說：「上海之流氓，即地棍也。其人大抵各戴其魁，橫行於市，互相團結，脈絡貫通，可有八千餘人。專事游蕩。」

地痞

地痞是流氓的一種，可以稱之為「大流氓」，下邊有一小流氓。地痞一詞最早見於《二十年目睹之怪現狀》，其中第六十七回文中，借官家的口語說道：「你是個清白良民，他把那辦地痞流氓的刑法來辦你，便是損了你的名譽。」

地痞的特點在於橫行霸道，獨佔一方。小地痞占一小區域，大地痞佔有一個大區域。他們在這一區域內拉幫結黨，欺強凌弱，胡作非為。清末貢生秦榮

光曾有《竹枝詞》寫道：

打降聚賭作營生，搶火攔喪黨橫行；

敝俗總由明失政，轉移風化仗官清。

　　《上海地方志》描述舊社會「藥水弄冶一帶的地痞組織名目繁多，有所謂一龍、二虎、三道卡、四大金剛、八大朝臣、三十六股黨、一百零八將、薄刀黨、剝衣黨、白老虎、黑老虎和英光壇等等。他們的頭目同巡捕房、警察局相勾結，不少人身兼數種身份，常常巧立名目，對百姓肆意欺壓掠奪。例如：居民要搭建翻修房子，都得向他們交納上樑費、門牌錢。就是搭蓋一間「滾地龍」也不能免。如有不遵，材料、工具就要被搶去。造好房子也會被拆毀。送帖子打秋風，敲詐勒索更是普遍。一年到頭，地痞、流氓以做陽壽陰壽、老婆生日、孩子滿月、兄弟結婚、侄女出嫁，甚至納妾、收徒弟等名目，都會向左近居民發出帖子，索取賀禮。一旦應酬不到，地痞就會藉端尋事，家宅難安。放焰口、做太平醮，他們也要向居民攤派，因為這些人有靠山，與黑白兩道皆有勾結，人們只懼而遠之。

拆白黨

　　「拆白黨」是上海的土話，也叫「拆梢」，是流氓中的一種。徐珂在《清稗類鈔》中也說：「擦白黨與流氓同，專以引誘富貴婦女騙取財物為事」。女擦白黨，女流氓也。專以引誘男子騙取財物為事。拆梢，以非法之舉動，恐嚇之手段，藉端敲詐勒慣，以此為生涯」。

　　男性拆白黨徒，有的扮成白面郎君，有的偽裝成斯文學者，坑騙對象多是富家女眷。這一行有分工，情報刺探的人暗中尾隨，瞭解「獵物」的姓名，性情，出入特點，家庭背景。對「獵物」進行分辨，針對其身價、特點，再選派一年齡大體相當者前去引誘。並且授以對策。拆白黨修飾臉面，更換衣著，潛行到目的地恭候目標，相機行事。所有開銷，均由「上級」報銷。時間一長，「獵物」見有如此富貴青年追隨，不免產生好感。一旦眉來眼去，不免墜入情網圈套。「拆梢」便開始主動進攻，騙錢騙色。一旦得手，搞得「獵物」傾家蕩產，便揚長而去。所獲資財，黨內分配。有關這種「富女遭騙，身陷絕境」「富孀失節，人財兩空」的新聞，時常見於報端。其中，以民初「閻瑞生案」

最為轟動。

　　女拆白黨並沒有複雜的組織結構，一般由幾個人結合在一起組成詐騙集團。從事的活動不外乎「放白鴿」「翻戲」「捲逃」「仙人跳」等。她們的活動十分詭秘，受騙者也往往遭受巨大損失。民初上海女拆白黨陸文琴，她在一次某省大災時，發行了一種「義賑」彩票。發行額定為十萬元，彩票面值一元。出售期為一個月，並預定張園當眾搖球開彩。最後捲款潛逃，無影無蹤。

參考文獻

本書的煙畫插圖全部選自筆者個人的收藏

1.《三百六十行》
　　出品公司：日本村井兄弟商會社
　　出版時間：1903 年此後多火翻印
　　繪製人：畫家侍考
　　規格：68×38mm 石印
　　全套張數院 40 枚

2.《三百六十行》
　　出品公司：英美煙草公司
　　出版時間：1905～1910 年此後多次翻印
　　繪製人：畫家待考
　　規格：65×38mm 石印
　　全套張數：251 枚

3.《七十二行》
　　出品公司：英國煙草公司
　　出版時間：1910～1915 年此後多次翻印
　　繪製人：英國畫家待考
　　規格院 64×38mm
　　全套張數院 72 枚

4.《交通與運輸》
　　出品公司：英美煙草公司

出版時間：1920 年

繪製人：英國畫家待考

規格：67×38mm

全套張數：40 枚

5.《江湖生活》

出品公司：上海華成煙草公司

出版時間：1929 年

繪製人：中國畫家待考

規格：65×37mm 膠印

全套張數：48 枚

6.《新三百六十行》

出品公司：上海華成煙草公司

出版時間：1929 年

繪製人：杭穉英

規格：63×37mm 膠印

全套張數：不詳

7.《市井百業》

出品公司：中南煙草公司

出版時間：1931 年

繪製人：中國畫家待考

規格：70×48mm 膠印

全套張數：20 枚

8.《新女性》

出品公司：上海華成煙草公司

出版時間：1935 年

人：中國畫家待考

規格：繪製 63×37m 膠印

全套張數院不詳

本書選 4 枚

9. 其他：清末民初法國和英國煙草公司出品的部分煙畫。

10.《煙草工業史略》，金聞博劉祥春編，中國輕工業出版社，1973 年。

11.《ASHES TO ASHES》〔美國〕理查德·克魯格淵 Richard Kluger，海南出版社，2000 年。

12. CIGARETTE & TRADE CARDS Gordon Howsden

13. CIGARETTE CARDS AND NOVELTIES

14. White Borde 加拿大列治文圖書館藏 1909-11T206

15.《英美煙公司在華企業資料彙編》，中國社會科學院編，中華書局，1963 年。

16. CARTOPHILIC NOTES & NEWS 雜誌〔英〕大不列顛畫片協會編。

17.《老北京三百六十行》，齊如山著，遼寧教育出版社，2006 年。

18.《三百六十行圖集》，王稼句編，古吳軒出版社，2002 年。

19.《北京民間風俗百圖》，王克友等編，北京圖書館出版社，2003 年。

20.《〈申報〉京劇資料選編》，蔡世成輯（內部發行），1994 年。

21.《大橋叢談》，張次溪著，中國人民大學出版社，2006 年。

22.《歷代竹枝詞》，王利器編，陝西人民出版社，2003 年。

23.《上海歷代竹枝詞》，顧炳權編，上海書店出版社，2001 年。